Madrinas

Madrinas

Por qué la necesitas
Cómo llegar a ser una

LISA BEVERE

WHITAKER HOUSE
Español

Las cursivas y negritas en el texto implican énfasis del autor.

Traducción al español por:
Belmonte Traductores
Manuel de Falla, 2
28300 Aranjuez
Madrid, ESPAÑA
www.belmontetraductores.com

Editado por: Ofelia Pérez

MADRINAS
Por qué necesitas una. Cómo ser una.

ISBN: 978-1-64123-598-3 • eBook ISBN: 978-1-64123-599-0
Impreso en los Estados Unidos de América

Whitaker House
1030 Hunt Valley Circle
New Kensington, PA 15068
www.whitakerhouse.com

Por favor, envíe sugerencias sobre este libro a: comentarios@whitakerhouse.com.

1 2 3 4 5 6 7 8 9 10 11 12 27 26 25 24 23 22 21 20

Índice

Uno

Por qué necesitas una

¡Somos familia!
—Hermana Sledge

La cubierta de este libro puede que sea la primera vez que me has visto, pero has de saber que te llevé a ti en mi corazón con cada palabra que tecleé. ¿Por qué? Compartimos el mismo Padre. No, yo no me apropié de tus resultados de ADN. *Todas* nosotras somos hijas de Dios. Esta sencilla afirmación relacional significa mucho más de lo que posiblemente podemos entender, pero para comenzar significa que somos familia, y eso me emociona. Creo que tenemos una conexión íntima, ya sea que nos conozcamos en esta vida o en la siguiente. Como hijas de Dios Padre, no es una exageración llamarnos a nosotras mismas ahijadas. Y las hijas necesitan madres que las ayuden a encontrar su camino.

Las relaciones importan porque todas somos mujeres que estamos entrelazadas en una historia. Espero que escucharas eso. Entrelazadas significa que estamos tejidas juntas y, sin embargo, una mirada rápida a lo que nos rodea revela que hay demasiados bordes deshilachados y fragmentos desgarrados. Nuestro tapiz no solo se ha visto comprometido y en riesgo, también parecería que nuestras historias están deshilvanadas y son contradictorias. Yo creo que podemos ser parte de cambiar todo eso. Ya no podemos permitirnos el lujo de descuidar las cosas que nos unen. Esta historia llega más allá de quienes están vivos en este momento para englobar a todos los que respirarán en el futuro o ya lo han hecho en el pasado. Cada hijo y cada hija de toda raza y periodo de tiempo, tendrá un papel en la narración. No es cuestión de *entonces* y *ahora*, o de *ellos* y *nosotros*; es un relato eterno. Nosotros somos los muchos hilos que se convierten en un tapiz glorioso. Tejamos algo que se parezca a la antigua túnica de muchos colores de José que declara la realeza inherente en todos y cada uno de nosotros.

¿Observaste la varita mágica en la cubierta?

> La vida abundante siempre ha sido mucho más que la abundancia de cosas.

No, no estoy promocionando la magia; estoy defendiendo algo más profundo. Quería captar visualmente una fuerza invisible que desbanca a la adivinación y la magia de los cuentos de hadas. La varita no es sino un punto focal para el concepto de una generación que extiende su bendición a la siguiente. Esta bendición es la razón misma de que las madrinas deberían existir. Viven para bendecir a sus ahijados.

La bendición del padrino otorga plenitud de vida. Esta plenitud nos capacita para disfrutar de la vida y las relaciones, en lugar de imaginar que la vida se encuentra en la colección de cosas. La bendición besa nuestro "poco" y lo transforma en "mucho". Mucho gozo. Mucha esperanza. Mucha fe y mucho amor. Es más que una reedición, es un enriquecimiento. La vida abundante siempre ha sido mucho más que la abundancia de cosas (ver Eclesiastés 5:19-20).

Las bendiciones son santas y no pueden ser corrompidas porque llegan a nosotros de nuestro Padre. La bendición de Dios transforma todo lo que es visible y tangible en nuestras vidas. Las bendiciones han de ser compartidas entre generaciones. Cuando retenemos lo que una generación había de impartir a la otra, hay pérdida por ambas partes. Somos bendecidos para ser una bendición los unos para los otros. Y aquí tenemos una hermosa verdad: nunca podemos perder lo que hemos dado verdaderamente. Como semillas, las bendiciones se multiplican; y aunque las semillas se van de nuestras manos, nunca se van de nuestra vida. La bendición de Dios convierte casas en hogares, matrimonios en uniones de poder, y los hijos en legado. Las bendiciones tienen el poder de voltear las crisis y convertirlas en un catalizador de crecimiento y transformación. La bendición puede transformar las mismas aguas en las que el enemigo quería ahogarte, en una fuente de vida para otros. La bendición es cuando Dios favorece tu vida de maneras que cambian la narrativa del enemigo para obrar de tu parte hacia tu crecimiento y beneficio.

No imagines que estoy prometiendo que todo esto hará que tu vida sea fácil; eso no sucederá. La bendición significa que todas las cosas obrarán para tu bien (ver Romanos 8:28). La bendición produce descanso en lugar de esfuerzo, sabiendo que Dios está obrando entre bambalinas y moviendo las piezas correctas para encajarlas en su lugar. La bendición de Dios expande nuestras vidas, primero mediante nuestra relación con Él, después en nuestras relaciones unos con otros, y entonces en los recursos. Es necesario establecer conexiones, la bendición hay que otorgarla, es necesario responder preguntas, hay que construir puentes, y es necesario mantener algunas conversaciones difíciles. La varita mágica es la representante de lo que podría ser si todo eso sucediera.

Aunque yo nunca di a luz a una hija, he sido bendecida con nueras, nietas, y cientos si no miles de hijas que me llaman su madrina. Quizá, durante la extensión de este libro, ¿me permitirías el honor de adoptarte?

Entiendo que yo no seré tu única madrina; pero me alegra ser una de las muchas que tienes. Porque sí creo que será necesario más de una de nosotras para bendecir y luchar por las diferentes áreas de otorgamiento y dones que Dios ha puesto sobre tu vida y en ella. Quizá me considerarás para el papel de tu siciliana peleadora y feroz. Me encantaría señalarte en la dirección de una conexión más íntima con Dios Padre. Es mi esperanza que, a medida que pases las páginas, suceda algo especial entre nosotras y que sepas que eres amada, vista, celebrada y bienvenida.

Y si este libro te encuentra en una estación más avanzada de la vida, tal vez te unirás a mí para llegar a convertirte en madrina para una generación de ahijadas.

¿Has experimentado alguna vez un momento que es vergonzoso, horrible y maravilloso al mismo tiempo? En ese caso, tienes mi compasión y apoyo, porque yo he tenido más que mi buena parte de ellos. A continuación tienes un ejemplo de solo uno de mis muchos momentos así.

Hace unos años atrás, el equipo de personal ejecutivo de nuestro ministerio decidió aceptar el desafío de transformar nuestro enfoque del liderazgo. Cada uno de nosotros fue invitado a ofrecer retroalimentación implacable y anónima sobre los diferentes líderes en el ministerio. Se reunieron los comentarios electrónicamente y se enviaron al facilitador, quien recopiló todos los datos para determinar nuestros *retos*. Muy bien, eso es expresarlo muy bonito. El facilitador utilizó una palabra distinta: *limitaciones*.

En una fecha posterior, el grupo se reunió con el facilitador. ¡Quiero que quede constancia de que yo hubiera preferido una interpretación privada de los resultados! Pero he aprendido que los líderes que quieren crecer tienen que estar dispuestos a aceptar el dolor de la exposición y la punzante desnudez de la vulnerabilidad. Esto es lo que sucedió.

El facilitador comenzó a ponernos en línea, situándonos desde la parte más a la izquierda (menos intenso o agresivo) hasta la parte más a la derecha (más intenso o agresivo). Enseguida me pusieron en la derecha. Me desalentó ver que todos eran situados a mi izquierda. Cuando llegó el turno de mi esposo, John, de ponerse en la línea, suspiré de alivio. Finalmente dejaría de estar en el extremo de la fila. Claro, él me desbancaría de mi posición en el extremo. Me quedé asombrada cuando el líder puso a John a mi izquierda. ¿Estábamos empatados? John tan solo sonrió. ¿Era una broma? ¿Cómo era posible que mi puntuación en agresividad fuera más alta que la de mi esposo macho alfa? Ese fue el colmo. Protesté: "¡No hay modo de que yo sea más agresiva que John!".

John se rió y asintió sabiendo que todos en la fila se giraron hacia mí. Fue entonces cuando me di cuenta de que incluso en el vacío de un invierno en Colorado, mi jersey de cuello alto fue una mala decisión de ropa para ese tipo de reunión. Tiré de él. No solo estaba abochornada, sino que estaba ruborizada.

El facilitador me aseguró que no hubo ningún error. Los números no mienten. Era la ganadora indiscutible del lugar más intenso/más agresivo, lo cual inmediatamente me pareció una pérdida suprema.

Cuando llegó el momento de pasar a los siguientes resultados, enseguida dejé mi lugar en la fila, pero rompí filas muy deprisa. Me dijeron que me quedara donde había estado. Me moría de vergüenza al ver de nuevo toda la fila formada a mi izquierda. Esta vez John no estaba a mi lado, sino en el extremo opuesto del espectro que esta fila estaba a punto de revelar.

El facilitador habló. "Esta fila representa la empatía y la inversión en otros. Estas acciones se consideran lo opuesto a la agresión, y Lisa ha obtenido la puntuación más alta también en esta". Él meneó la cabeza. "Sinceramente, nunca antes había visto esto".

Se giró hacia mí, buscando una explicación. Mi corazón latía más deprisa, pero esta vez no era de vergüenza, sino de esperanza. Yo le respondí: "Lucho por ello".

Aunque quizá el facilitador no había visto ese resultado antes, creo que Dios sí. Él tiene un nombre para las mujeres que mezclan una intensa pasión con la empatía y la inversión en otros; se les llama madrinas. Y en el caso de que te estés preguntando si esta combinación es bíblica, lee cómo se describe Dios a sí mismo en Oseas 13:8:

> Los atacaré y les desgarraré el pecho
> como una osa a quien le quitan sus cachorros. (NVI)

Si esta descripción de una osa no capta la imagen de una fiera protección femenina de los jóvenes, no sé qué otra cosa podría hacerlo. Es algo piadoso que las madres luchen por sus hijos. Ahora pasemos a este concepto de madrina.

¿Qué viene a tu mente cuando piensas en una madrina?

¿Un hada madrina?, (tristemente, no son reales).

¿Una madrina de la mafia?, (espero que no sean reales).

O quizá piensas en una madrina espiritual, lo cual necesita desesperadamente convertirse en algo *muy* real.

Aunque me encanta bromear sobre ello porque soy medio siciliana, las madrinas de las que estoy hablando no están unidas de forma alguna a la mafia. Ni tampoco pueden convertir una calabaza en una carroza o a un ratón en un caballo. No son hadas y, sin embargo, tienen una buena conexión divina con la realidad celestial. En lugar de una varita mágica, poseen una gracia resuelta que puede ser un catalizador cuando entras en contacto con ella.

Las madrinas no son una idea nueva; el concepto de los padrinos se originó en la iglesia del primer siglo. En esos tiempos, los creyentes estaban bajo una gran persecución, y los padrinos hacían de porteros y guías espirituales. Los padrinos respondían personalmente ante la sinceridad de quienes buscaban comunión y refugio entre el nuevo cuerpo de creyentes.

Una de las muchas maneras en las que hacían eso era mediante un discipulado relacional. No era raro que los nuevos convertidos al cristianismo fueran desheredados por sus familias por recibir a Cristo. Los padrinos hacían el papel de los padres perdidos y estaban presentes en los grandes acontecimientos de la vida como bautismos, bodas y funerales. Era muy distinto de cómo es hoy, cuando los padrinos simplemente envían tarjetas de felicitación en los cumpleaños, porque sus comunidades eran mucho más íntimas. Las madrinas participaban mientras caminaban junto a sus ahijadas. Cada una estaba comprometida a ayudar a sus hijas a dar expresión a este glorioso misterio de Cristo en nosotros. Su relación estaba basada en el pacto en lugar de la competición. Las madrinas querían que sus ahijadas llegaran más lejos en la vida y en la fe de lo que ellas mismas habían llegado. Para este fin, levantaban a sus hijas con lo que ellas habían aprendido.

> Las madrinas nos ayudan a llenar las brechas.

Aunque será diferente en nuestros días, hay una desesperada necesidad de mujeres que estén más interesadas en el destino de sus ahijadas que en sus historias. Las madrinas creen en lo que pueden llegar a ser sus ahijadas. Necesitamos mujeres valientes que estén dispuestas a hacer una pausa en sus propias búsquedas, y que sea lo suficientemente larga como para invitar a algunas hijas a ponerse a su lado; mamás espirituales que crean lo mejor de sus hijas a la vez que saben que necesitarán ayuda para llegar hasta ahí. Las madrinas son mujeres que están comprometidas con que otras crezcan. Esto se traduce en declarar vida, fuerza y corrección de rumbo para que eso suceda. No tienes que ser vieja para ser madrina; solo tienes que ser más madura espiritualmente.

He tenido el privilegio de serlo en una capacidad u otra. Ya sea en el Internet, en reuniones o mediante mis libros, no hay mayor gozo u honor que cuando una jovencita me llama Mamá Lisa. Recuerdo el día en que mi perspectiva cambió. Estaba en una reunión con nuestro equipo, y sacaron la demografía de mis redes sociales. Preguntaron si sabía cuál era la edad de las mujeres que me seguían. Yo me encogí de hombros y dije que pensaba que el rango de edad de las mujeres sería cercano a mi edad. Mi equipo me dijo que mi analítica decía que el mayor grupo de seguidoras eran mujeres de entre veinticinco a treinta y cuatro años.

No pude reprimir las lágrimas.

No se me pasó por alto que mi hijo menor tenía veinticinco años y mi hijo mayor tenía treinta y tres. Mi equipo se sorprendió de mi reacción, así que les expliqué: "¿No lo ven? Ellas no necesitan otra oradora. Están buscando una madre". Estaban buscando a alguien que les ayudara a llenar sus brechas. Y vivimos en un tiempo en el que hay bastantes brechas que necesitan una atención desesperada.

Las madrinas nos ayudan a llenar las brechas.

Hablemos sobre esas brechas. Cuando exploré por primera vez el concepto de una brecha o brechas, no tenía ni idea de cuántas palabras y circunstancias estaban englobadas dentro de esta sencilla palabra de seis letras. Descubrí que la primera línea de definición de nuestros amigos de Merriam-Webster era muy interesante. Definen el sustantivo *brecha* como "un espacio en una barrera (como una pared, seto o línea de defensa militar); una posición vulnerable".[1]

Cuando unimos estas ideas, descubrimos que una brecha puede ser un área o espacio que nos hace vulnerables a un ataque debido a una falta de protección. Al enemigo de nuestras almas le encanta sacar el jugo y atacar estas posiciones vulnerables. Por ejemplo, una brecha en el entendimiento se convierte en un malentendido. Estas brechas pueden enredarse rápidamente en dinámicas que ponen en riesgo una relación. Una brecha de información describe datos perdidos que comprometen nuestra capacidad de tomar buenas decisiones. Podríamos llamar brecha matrimonial al espacio entre la manera en que es ahora tu matrimonio y la manera en que esperas que sea. La diferencia entre cómo es tu salud y lo óptima que podría ser, puede llamarse brecha de salud. El concepto de brecha generacional es la diferencia que existe entre las opiniones, acciones y creencias de generaciones anteriores y las de los más jóvenes. Sé que entiendes el concepto.

Hablando en términos generales, una brecha describe la diferencia o distancia entre la forma en que son las cosas y la forma en que deberían ser, razón por la cual somos tan importantes los unos para los otros. Las brechas que tenemos en nuestra fe, relaciones, carreras, matrimonios e incluso en la crianza de los hijos fueron diseñadas para que los demás las llenen.

Una generación de mujeres jóvenes parece no ser consciente de que está rodeadas de mujeres maduras a quienes les encantaría abrir sus vidas y compartir con ellas lo que han aprendido por las malas. Me temo que creen que estas madres no están interesadas o están distraídas. Por otro lado, las mujeres mayores están bajo la impresión errónea de que nadie quiere lo que ellas tienen que ofrecer, así que se retiran, se vuelven distantes o combativas. No está mal tener puntos de vista distintos. Es muy importante que las mujeres que están en temporadas diferentes se junten para no arriesgarnos a perder la riqueza que se produce cuando las generaciones conectan y comparten sus esperanzas y sus retos.

En nuestra época de grandes vidas, necesitamos conexiones íntimas.

Si el hueco permanece, dejará a mujeres de todas las edades en una posición vulnerable. Oigo a muchas personas de mi edad y mayores quejarse de los *millennials* y la Generación Z. Personalmente, he aprendido mucho de mis cuatro hijos, que están todos en el grupo de los *millennials*. Hacen el tipo de preguntas que necesitan respuestas. Empujan hasta el punto de la interrupción y no se conforman con respuestas triviales. Quieren saber el *porqué* más que el *qué*. No quieren que les digan lo que tienen que pensar; quieren aprender a pensar.

Creo que las madrinas te ayudarán a descubrir respuestas al porqué y el cómo. Las madrinas promueven un sentimiento de propósito y comunidad. En nuestra época de grandes vidas, necesitamos conexiones íntimas. Además de ser de apoyo y compartir las experiencias de la vida, una madrina te ayuda a evitar futuras brechas y trampas. Compartir abiertamente nuestros desafíos promueve un mayor crecimiento y una dinámica en la que hay más respuestas que preguntas.

Recuerdo cuando sentí por primera vez una brecha profunda en mi vida cuando era una joven esposa y madre. Como hija de padres dos veces divorciados, había construido algunos mecanismos de protección defectuosos. Me di cuenta demasiado tarde de que no tenía lo que necesitaba para construir un matrimonio y una familia, y eso me dejó vulnerable. Había una brecha patente entre la forma en que fui educada y la forma en que quería educar a mis hijos. Y otra brecha, del tamaño del Gran Cañón, que representaba la forma en que mis padres llevaban su matrimonio y la forma en que John y yo queríamos experimentar la vida juntos. No pasó mucho tiempo hasta que descubrí que saber lo que *no quieres* no es suficiente para construir lo que *sí quieres*. Tenía que ser sincera conmigo misma.

No sabía cómo ser una esposa.

No sabía cómo ser una madre.

Apenas sabía cómo ser una mujer, y mucho menos ser una mujer piadosa.

Me sentía sola porque no sabía cómo encontrar o ser una buena amiga.

Me sentía asustada y sola en mi búsqueda de más de lo que había visto en el ministerio, el matrimonio, la maternidad y la amistad. Mi anhelo desesperado de algo por encima y más allá de lo que había conocido o experimentado solo parecía agrandar la brecha que ya existía entre yo misma y quienes me rodeaban. Tenía más preguntas que respuestas. Me preguntaba si todas las fisuras en mi vida habían hecho que otros tuvieran miedo de que, si se acercaban demasiado a mí, caerían.

Fui a la iglesia, donde me dieron una corta lista de reglas, la mayoría de las cuales se centraban en la sumisión de las mujeres (otra cosa en la que yo fallaba constantemente). Estaba desesperada por ver una animación viva de cómo podría ser una mujer piadosa. Ciertamente, no la estaba viendo en el espejo. Sin ella en mi vida, todas las reglas solo servían para encadenarme más fuerte a la culpa y el fracaso. Intentaba con fuerza ser buena y parecerme más a las esposas de otros pastores, pero no podía dejar de sentirme como un caso aparte.

Clamaba por una mentora. En ese tiempo no me daba cuenta de que estaba buscando una madrina, alguien que notara mi lucha, que transformara mis pruebas y me enviara por mi camino. Puede que no supiera dónde mirar, pero parecía que no había nadie a quien pudiera encontrar. Estaba rodeada de mujeres jóvenes que luchaban con las mismas batallas que yo libraba. Todas sabíamos que se suponía que debíamos edificar, pero ninguna se había tomado el tiempo de enseñarnos cómo usar las herramientas o decirnos qué estábamos edificando. Teníamos sierras, martillos y madera, pero ninguna tenía un plano. Sin una dirección, nos conformábamos con no causar problemas; y cuando los problemas surgían en mi matrimonio, los escondía por temor a oír de nuevo que tenía que someterme más. Seguía avanzando hacia delante con cautela, insegura de cada paso que daba.

A los ocho años de estar casada, me vi embarazada de nuestro tercer hijo. John viajaba a tiempo completo, y siempre que era posible nuestra joven familia viajaba con él. En uno de estos viajes pasamos más de diez horas en el automóvil viajando desde nuestra casa en Apopka, Florida, a una pequeña ciudad en Carolina del Norte. Llegamos justo a tiempo para registrarnos en el motel que habían conseguido para nosotros. Todos nos apilamos en la pequeña habitación mientras John se daba una ducha rápida y salía por la puerta para ir a la reunión. Cuando se había ido, bañé a los dos niños y me di cuenta de que la alfombra estaba tan sucia que las plantas de sus pies estaban negras de andar descalzos por ella. Volví a meter a los dos niños en la bañera para lavar sus pies. Sus risas llenaban la lúgubre habitación mientras yo bajaba las colchas de nuestras camas dobles y las ponía en una esquina (¡no estoy segura de si las habrían lavado alguna vez!).

Saqué a los niños de la bañera para llevarlos a su cama y les di instrucciones estrictas de que no podían volver a caminar por el piso. Podían saltar de nuestra cama a la suya todo lo que quisieran, pero sus pies no podían tocar el piso. Ellos se emocionaron y fingían que las camas eran barcas y que el piso era un océano lleno de cocodrilos y tiburones. Se convirtió en un juego. Si necesitaban ir al baño, yo era su medio de transporte.

Todavía puedo verlos dar saltos alegremente de cama en cama, muy contentos también de estar fuera de nuestro automóvil. Cuando llegó la hora de dormir, les conté una historia y les canté canciones, lo cual era parte de nuestro ritual al acostarse. Cuando llegó el momento oportuno, apagué la luz y me senté en silencio en la oscuridad, escuchando cómo respiraban profundamente, lo cual confirmaba que mis muchachos estaban dormidos.

John tenía una llave de nuestra habitación, pero me había pedido que cerrara la puerta con cerrojo cuando él saliera porque el motel estaba en una zona sospechosa. Agotada y con un embarazo muy avanzado, me quedé profundamente dormida. Horas después, John llamó despacio y yo salté de la cama, por temor a despertar a los niños. Lo más despacio posible John se preparó, y cuando se metió en la cama, le pregunté cómo le fue la reunión. Hubo un profundo suspiro.

"Bien, pero, Lisa, son superlegalistas".

Conociendo la denominación de la que hablaba, no me sorprendió. Me estaba preparando para preguntarle de qué había hablado cuando John añadió: "Las mujeres de esta iglesia te necesitan, así que te he ofrecido como voluntaria para hacer una reunión de mujeres por la mañana".

Decir que mi reacción fue extrema sería suavizarlo. Me senté en la cama, totalmente despierta. "¡Por supuesto que no! ¡No puedes hacerme eso!", protesté.

"Está hecho", dijo John con un sentido inquebrantable de determinación. "El pastor estuvo de acuerdo, y ya lo han anunciado".

Me sentía violada y totalmente indefensa. Le dije a John: "Bueno, ¡entonces tú puedes hacer la reunión! Yo no voy a hacerla. No tengo nada que decir a esas mujeres. ¡Probablemente me detendrán en la puerta si se dan cuenta de que tengo doble agujero en las orejas!".

"No despiertes a los niños", me advirtió John mientras intentaba acomodarse en la cama doble encorvada. "Es tarde. Duérmete. Yo llevaré a los niños a desayunar por la mañana, así tú puedes preparar tu mensaje en ese rato".

Tenía una sensación de presentimiento. "¿De qué predicaste hoy?".

John respondió. Había predicado su versión del único mensaje que yo sabía predicar en ese entonces.

"¿Cómo pudiste?", protesté. "¡Ahora no tengo nada de lo que hablar!".

Estaba furiosa. Me sentía robada, despedida, inepta, y más que asustada por las expectativas.

Como señal de protesta, le di la espalda bruscamente a John y me fui al extremo de la cama. Pero el sueño me esquivaba. Miré el despertador digital; era más de medianoche. Enseguida, la rítmica respiración de mis hijos quedó marcada por los ronquidos de John. Todo en la pequeña habitación me resultaba muy poco familiar: los olores, la almohada grumosa, las ásperas sábanas y la fea luz fluorescente que aparecía por la rendija que dejaban las cortinas en la pared. Deseaba estar en casa y en mi propia cama.

Mi mente iba deprisa. ¿Qué podía decir a una reunión de mujeres de iglesia que ni siquiera podían llevar pantalones? Yo no era ministro, sino madre. Acunaba al bebé en mi vientre, me deleitaba con sus suaves movimientos. Veía cómo pasaban las horas en el reloj digital, la 1:00 de la mañana, las 2:00, las 3:00, y el sueño seguía evadiéndome.

En algún momento debí quedarme dormida, porque lo siguiente que supe fue que John estaba de pie a mi lado con su mano sobre mi brazo. Estaba desorientada por el entorno desconocido y la dura comprensión de que la noche anterior no había sido una pesadilla. Con la luz de la mañana, era una acechante realidad.

"Quería que durmieras lo máximo posible", me dijo John.

Miré el reloj y me entró el pánico. La reunión que me manipularon para que asistiera comenzaría en pocas horas, y aún tenía que bañarme y preparar algún mensaje.

Lo único que quería era café... y helado para desayunar.

No estoy segura de si comí algo esa mañana.

Di un beso y un abrazo a mis niños durmientes, después los tres se fueron y me quedé sola, si muy embarazada se puede considerar como estar sola. Me bañé y me vestí en tiempo récord, desesperada por oír de Dios.

Lo primero en mi agenda era un cambio gigante de actitud. No quería ir a la reunión enojada con mi esposo y con un pastor al que no había conocido. Aborrezco que me roben mis decisiones, pero sabía que mi frustración era por algo más profundo. Estaba enojada de que mujeres mayores no me hubieran preparado para eso. Estaba segura de que alguien había visto mis fisuras pero rehusó ayudarme a cerrarlas. Las imaginaba felices de que yo tuviera fisuras. Pero si era sincera, mi angustia iba incluso más allá de ellas.

¡Estaba enojada y frustrada con Dios!

Ponerme de pie delante de extraños no era poco. Pero aún peor, ¿cómo podía esperar que dé lo que yo misma no tenía? ¿Cómo podía ayudarles con lo que ellas necesitaban cuando no tenía lo que yo misma necesitaba? Me sentía abrumada y convertí en una oración todas las protestas que daban vueltas en mi mente. Arrodillada delante de la cama, cerré mis ojos y alcé mi voz:

Padre,

Antes de casarme, me pediste que ministrara a las mujeres. Dije que lo haría si me enviabas una mentora. Bueno, pues han pasado más de ocho años y no me has enviado a nadie. ¡Mi vida está rodeada de varones, no de mujeres! Dios, ¡no me gustan las mujeres! No dicen lo que piensan, ni piensan lo que dicen. Me gustan más los varones porque siempre sé dónde estoy con ellos. Esto no es justo. John me ha manipulado para que haga esta reunión. Yo no pedí hacer esta reunión.

Estuve divagando hasta que me quedé sin más protestas. Finalmente, me callé. Lo que oí después me sorprendió por su simple franqueza.

"Lisa, a mí me gustan las mujeres".

Me parece justo.

Ya debería haber sabido eso, pero por alguna razón esta revelación resonó por todo mi ser, haciendo que todas mis partes desperdigadas prestaran toda su atención. Me dejó sin palabras y mis quejas se atrofiaron. Por primera vez, me di cuenta de que mis sentimientos antimujeres estaban insultando a todas sus hijas y mis hermanas. En ese momento, supe que el mandato que Él había susurrado en mi corazón hacía casi una década atrás, estaba a punto de comenzar. Lo temía. Me sentía totalmente mal equipada para ello, pero no podía evitarlo más. Interiormente me rendí, y asentí con un "sí" mientras susurraba: "Pero… nunca me enviaste una mentora".

No sé qué esperaba oír, ¿quizá "lo siento"? Pero lo que oí fue: "Lisa, para ti no habrá ninguna mentora".

Esa respuesta me pareció triste, definitiva. ¿Acaso no era yo digna de una mentora? Sentí un profundo sentimiento de pérdida. No me podía imaginar que pudiera hacer otra cosa que no fuera fracasar. Enterré mi rostro en la almohada y lloré. Me sentí destinada a la soledad. Pero antes de ir demasiado lejos por ese camino, el Espíritu Santo redirigió mi enfoque.

Con los ojos de mi mente vi una cadena enorme descendiendo del cielo. Esta cadena era fuerte, pero no era una cadena que ataba; sus eslabones adornaban. Cada eslabón estaba perfectamente formado y relucía con la calidez y el brillo del oro. Miré hacia arriba pero no podía percibir dónde comenzaba la cadena. Observé dónde terminaba. Se detuvo abruptamente y le siguió un espacio vacío, donde parecía faltar un eslabón. Tras ese hueco comenzaba otro trozo de cadena. Esta cadena colgaba en el aire, suspendida pero aislada del último eslabón de la primera cadena larga. Mi enfoque estaba en ese hueco. Mientras me preguntaba por qué había una desconexión, en mi espíritu oí: "Se ha producido una ruptura de una generación de mujeres con la siguiente".

Sentí que estaba viendo en mi espíritu eso mismo que sentía tan intensamente que faltaba en mi vida. Escuché: "No quiero una mentoría de orgullo. Quiero una mentoría de quebranto. Quiero madres. Sé esa mujer".

La idea de que yo fuera alguna vez esa mujer era ridícula.

"No sé cómo ser esa mujer", protesté.

"Sí sabes", respondió Él. "Todo lo que te gustaría que otra mujer hubiera hecho contigo en estos últimos ocho años, comienza a hacerlo tú".

Como si quisiera consolarme, el Espíritu Santo susurró: "Lisa, escribe hacia atrás. Después sé lo que tú necesitaste".

Quizá eso funcionaría.

Mi Padre celestial me pidió que yo fuera la mujer que había buscado.

Tomé pluma y papel y comencé a imaginarla. A medida que veía destellos, los escribía. ¿Qué esperaba que ella hubiera visto cuando me mirara a mí? ¿Cómo me trataría? ¿Qué necesitaba yo de ella?

> Me enseñaría a reírme de mi futuro incluso mientras lloraba en ese momento.

Esperaba que ella viera promesa y potencial en mí; y que, sin embargo, me ayudara a crecer más allá de mis temerosas debilidades. Ella protegería, nutriría y alimentaría lo que había en mi vida. Ella abriría las páginas de sus propias historias para que yo pudiera aprender de sus luchas. Me enseñaría a reírme de mi futuro incluso mientras lloraba en ese momento. Ella estaría ahí para mí, pero en lugar de estar *de mi lado* (porque, claro, yo podía estar equivocada), estaría *a mi lado*. Se interesaría en lugar de controlarme. Me diría la verdad de formas que yo pudiera escucharla. Abriría el tesoro de su vida y me enseñaría la sabiduría de las épocas de Dios y el ritmo de su tiempo.

Yo tenía treinta años en ese entonces, la mitad de los que tengo ahora. Recuerdo que tenía miedo a que esas aberturas permitieran que el viento soplara en lugares que yo no estaba preparada para explorar. Las fisuras exponían partes de mi vida que no me sentía equipada para tratar. Con el paso del tiempo aprendí que es mejor conocer nuestras brechas que excusarlas, negarlas o evitarlas. He aprendido a aceptar la luz de la revelación que producen en mi vida.

Durante tres décadas ya, he ministrado a mujeres. He hablado en conferencias por todo el mundo y he leído innumerables cartas, emails y entradas en redes sociales. He tenido el honor de disciplinar a mujeres de cerca y a la distancia. No importa si estoy en América, Egipto, Iraq o Europa, las mujeres tienen hambre de más. Se dan cuenta de que hay una dolorosa necesidad de tener conexiones multigeneracionales más profundas. Tanto las jóvenes como las no tan jóvenes se duelen por la brecha, pero no siempre conocen formas viables de cerrarla o de llenarla.

Para demasiadas madres e hijas espirituales hay una brecha amplia que ha dejado en riesgo a ambos extremos del espectro de edad. No hace mucho, estaba hablando en una conferencia con una mujer más joven que es una poderosa ministra. La invité a ir a mi habitación a tomar café. Al principio dijo que no. Después decidió aceptar y me acompañó. Se disculpó por evitarme antes y me explicó que ya le habían traicionado y herido otras mujeres de más edad. Yo sentí empatía con ella y le expliqué que no era eso lo que yo quería ser en su vida.

Navegar por estas desconexiones requiere valentía, porque la pérdida de conexión nos amenaza a todos. No siempre he hecho esto bien, pero estoy comprometida a construir de forma diferente en el futuro. ¿Qué tal si soltamos los patrones del pasado y cambiamos esto? Como mujeres con una relación con Dios, es tiempo de dejar a un lado el dolor y avanzar hacia delante, codo con codo la una con la otra.

> A veces lo más aterrador es admitir que hay una brecha que no sabes cómo llenar.

Recientemente, una mujer joven se acercó a mí y me dijo que quería alejarse de los lugares seguros y asentados en su vida, pero tenía miedo. He estado en ese lugar de temor y he viajado por el camino que ella está planeando recorrer. Como madrina, le aseguré: "El miedo es la nueva diversión de Dios". Querida, si hubieras sido creada para la seguridad y la calma, habrías nacido en otro periodo de tiempo. Si esperas vivir de forma pequeña, deja este libro ahora porque no hay razón para que te conviertas en una madrina. Pero si estás buscando crecer, por todos los medios, ¡léelo!

A veces lo más aterrador es admitir que hay una brecha que no sabes cómo llenar. ¿Es un desafío en tu matrimonio? ¿La etapa de la vida en la que estás? ¿Educar a tus hijos? ¿Encontrar tu propósito? ¿Dónde tienes que crecer?

No importa lo que sea, ¿sabes qué? No fuiste creada para llenar todas esas brechas tú sola. Fuiste creada para una relación con una madrina: una mujer que adore al Dios verdadero y posicione a otras para que naveguen tanto espiritualmente como prácticamente por las etapas cruciales y catastróficas de la vida. Ella te ayudará a encontrar sentido y humor en lo trivial. Una madrina llora las pérdidas y celebra las victorias de sus ahijadas. Vive entendiendo que ser una madre en *cualquier* capacidad es el mayor desafío y honor que la vida puede otorgarnos. Está ahí cuando la necesitas y, sin embargo, tiene límites y entiende que Dios es la fuente suprema de vida. Más que dedicarse solo a vigilarte, lo que hará es cuidar de ti. Ella se acerca cuando otras se han ido y ama cuando otras no están mirando. Es mi oración que reconozcas las semillas de una vida extraordinaria dentro de lo ordinario. Que lo que tienes ahora se revele como todo lo que necesitas solo para comenzar. Simplemente al abrir este libro has invitado al crecimiento, y el crecimiento siempre conlleva una buena dosis de riesgo. Habrá peligro, no para la persona que Dios quiso que fueras, sino para las antiguas formas y patrones que has vivido.

Es mi ferviente oración que según avances por este libro y no solo medites, sino hagas las cosas que estas palabras despierten en ti, encuentres la valentía para entrar en tu historia. Mientras buscas una madrina con la que vivir la vida, deja que mis palabras te acompañen y te aseguren que Dios Padre está contigo. Él es finalmente quien llena cada brecha.

PARA ROMPER EL HIELO

¿Viene a tu mente alguna brecha? No tengas miedo a responder a esto porque estas son las áreas con potencial de *crecimiento.*

¿Has estado haciendo las preguntas correctas a las personas correctas para descubrir las *respuestas* que necesitas? ¿O simplemente has estado hablando con personas en tu misma etapa de la vida que tienen los mismos desafíos?

¿Estás dispuesta a eliminar algunos de tus límites actuales y a soñar con futuras *posibilidades?*

Dos

Comienza con lo que sabes

Resulta difícil para un huevo convertirse en un pájaro: sería mucho más difícil para él aprender a volar si se quedara en el cascarón. Nosotros somos como huevos en el presente. Y no se puede seguir indefinidamente siendo tan solo un huevo común y decente. Debemos romper el cascarón o nos echaremos a perder.

—C. S. Lewis

Recientemente conocí a una madrina.

Fue un encuentro totalmente inesperado. Estábamos con un grupo de amigos, celebrando el cumpleaños sesenta de John, cuando tuve la oportunidad de ir con una amiga para hacernos un tratamiento facial gratuito. Tras casi dos semanas seguidas en la carretera, estaba emocionada por esta generosa oferta y mi cara lo necesitaba desesperadamente. Entramos en la zona de vestuarios del spa donde nos despojamos de la ropa de hacer ejercicio para envolvernos en blanditas túnicas calientes, y cambiamos nuestras zapatillas de deporte por pantuflas. Dana se dirigió a la sala de vapor. El vapor nunca es una buena opción con mi loco cabello, así que yo me fui a la zona de relajación.

Al entrar en una sala espaciosa, me dio la bienvenida una pared de cristal que enmarcaba un impoluto paisaje montañoso. Irresistiblemente atraída, arrastré los pies más cerca del cristal. Tras el largo invierno, quería sentir la luz del sol en mi rostro. Según me acercaba, noté a dos mujeres susurrando entre sí en las sillas de respaldo alto que había más cerca de la ventana. Me retiré respetuosamente junto al despliegue de tés de hierbas, aguas con sabor y fruta. Tomando asiento contra la pared del fondo, mordisqueaba unos frescos frutos del bosque mientras esperaba mi turno en el spa. Cuando se acabaron los frutos del bosque, vi varias revistas sobre la mesa circular y decidí hojear algunas. Vi que una jovencita entraba en la sala. Ella también parecía bastante cautivada por la vista de las montañas. Yo lo entendía. Estaba a punto de reclinarme en mi silla cuando ella se giró y me vio.

Estoy segura de que lo que estoy a punto de describir te ha ocurrido a ti. Sabes que alguien te reconoce, pero tú no le reconoces. Es un momento incómodo. Mi mente recorría los archivos de mi memoria buscando pistas que me dijeran cómo nos conocimos. Ella parecía de la edad de mis hijos y nueras. ¿Sería una de sus amigas? Yo sonreí. Fue entonces cuando ella reveló el libro que sostenía firmemente debajo de su brazo. Era un ejemplar de *Sin rival*. Me acerqué, le di un abrazo y le invité a sentarse a mi lado.

Esta hermosa joven estaba en una etapa de muchos nuevos comienzos. Estaba recién casada, y acababa de mudarse dejando atrás amigos y familia. Estaban en una gran aventura para descubrir todo lo que Dios tenía para ambos. Sabiendo que estaba en medio de una gran transición, una dulce amiga suya había metido su nombre en un concurso para ganar tres de mis libros. Y lo maravilloso era que por la convergencia de muchas casualidades, ahora estábamos teniendo una conversación en un spa. Sus ojos brillaban con lágrimas mientras compartía lo que el libro había significado ya para ella. Abrió las páginas y me mostró todo lo que había subrayado. Hacía solo unos días que había comenzado a leer el libro, pero ya estaba metida a fondo en él. Yo escuchaba. Era muy evidente que amaba a Dios, amaba la iglesia, amaba su Palabra. Ella quería desesperadamente agradar a Dios y, sin embargo, se encontraba paralizada por la confusión. No estaba segura de si estaba oyendo la voz de Dios, su propia voz, o peor aún, la voz del enemigo.

Le aseguré que al enemigo de nuestra alma hace mucho que se le conoce por hacer su mejor esfuerzo por querer poner nuestras buenas intenciones en contra de nosotros, susurrándonos semillas de duda e insinuando mentiras. Para mí era obvio que la vida de esta joven pareja estaba llena hasta arriba de potencial. No es de extrañar que el enemigo estuviera haciendo horas extra para intentar detenerlos en seco. Ella resumió todas sus preguntas y temores con una frase: "Tengo miedo de *fallar* a Dios".

Me encantaría que esa hubiera sido la primera vez que yo escuchaba este miedo. Veo que es una de las preocupaciones más comunes entre los cristianos más dispuestos y tiernos. Y, por supuesto, todo aquel que afirma ser seguidor de Cristo debería tener como meta ir donde Él diga en lugar de marcar su propio camino.

Superficialmente, este temor de "fallar a Dios" suena noble, pero el tiempo me ha enseñado que el enemigo se aprovecha de ello y lo utiliza para atrapar a la gente. Su maquinación es hacer que todo tenga que ver con nuestro desempeño en lugar de nuestra confianza en la gracia de Dios. *Cambia el enfoque hacia nuestra capacidad para seguir en lugar de su habilidad para dirigir.* Esto hace que nuestro caminar cristiano esté impulsado por el temor en lugar de estar basado en el amor y en la fe. El enemigo de nuestra alma sabe que cada hija de Dios quiere agradar a su Padre. Satanás pervierte nuestro deseo piadoso de seguir la guía de Dios, cuestionando cada movimiento que hacemos hasta que la confusión nos atrapa en la inacción. Escucha: Jesús no está intentando engañarte. Él no nos diría que lo siguiéramos si fuera imposible. Sus caminos son sencillos, pero no son fáciles.

> Es imposible eludir a Dios.
> Él es un blanco demasiado grande.

El enemigo sabe que una forma de detener a los puros de corazón es paralizándolos con el temor a hacer un movimiento equivocado. Sabe que quien está inmovilizado no puede ser un seguidor. Quiero que me escuches, querida ahijada: de verdad creo que, si tu corazón es puro, es imposible eludir a Dios. ¿Por qué creo esto?

Él es un blanco demasiado grande. Querida, respóndeme a esto:

¿Dónde puedes apuntar y no entrar en contacto con Él?

¿Dónde puedes ir y no tocar algo que declara su existencia?

¿Dónde puedes mirar y no ver las huellas de su majestad?

Mira hacia arriba y descubre su maravilla en las estrellas.

Mira hacia abajo y contempla su gloria en una flor.

Las alturas de las montañas nos recuerdan que Él es nuestra Roca de refugio.

El rugido del océano declara su innegable poder.

El viento despierta nuestra alma a su presencia invisible mientras susurra: "Hay más".

Se nos ha prometido que si lo buscamos a Él con todo nuestro corazón, lo encontraremos. Y si este conocimiento no te inspira, aún tengo más buenas noticias. Tú, amada ahijada, estás rodeada. Nunca más pienses que hay un lugar o circunstancia en la que te encuentras sola. En *Cartas a Malcom*, C. S. Lewis subraya esta verdad: "Quizá podamos ignorar, pero de ningún modo podemos evadir, la presencia de Dios. El mundo está lleno de ella. Él camina por todo lugar de incógnito".[1]

¿Quién sino el Espíritu de Dios es omnipresente? Esto significa literalmente que está presente en todos los lugares en todo tiempo. No hay momento o lugar que exista sin su presencia; nunca ha habido un espacio vacío de Él, ni en tu pasado, presente o futuro.

Por mucho que lo intentaran, tus padres no fueron capaces de eso. Tus amigas no pueden ser eso para ti, y si tu esposo es como el mío, no es omnipresente ni siquiera cuando está presente. Pero no podemos decir nada de esto del Espíritu Santo. El Espíritu del Dios Altísimo nos rodea incluso siendo habitadas por Él. Si abres los ojos de tu entendimiento, verás la presencia del Espíritu en las páginas de tu Biblia. El Espíritu Santo de Dios nunca contradice la Palabra de Dios, pero la expresión de la Palabra viva no está limitada a tinta sobre hojas de papel o la información en un aparato electrónico. Si esto fuera cierto, ¿cómo pudieron sobrevivir los primeros santos? Muy pocos sabían leer, y la primera Biblia no se imprimió hasta el año 1455. Así como el Espíritu se escucha en las Escrituras habladas, su huella está en todo lo que creó la Palabra (Jesús). Podemos darle gracias a Él por todo lo que vemos, la comida que comemos, las flores que olemos, los materiales con los que construimos nuestras casas, los sonidos que oímos, y todo ser vivo que respira. Cada una de nosotras lleva la marca del Creador (¡me resultan repugnantes serpientes, escorpiones y arañas!).

Ahijada, ¿acaso Aquel que envió a su único Hijo para rescatarte buscará tus fallos o una excusa para abandonarte? ¡Dios nos libre de pensar así! Querida, no temas, eres de Él. Redimida, lavada, amada y justa ante sus ojos.

Al ser de Él, ¿hay algún lugar donde puedas ir que nuestro Padre no esté presente? El rey David meditó en esta pregunta y reflexionó en el asombro de la presencia íntima de Dios en el Salmo 139:

> Detrás y delante me rodeaste,
> Y sobre mí pusiste tu mano.
> Tal conocimiento es demasiado maravilloso para mí;
> Alto es, no lo puedo comprender. (vv. 5-6)

David estaba diciendo… no puedo ni imaginarme, entender o alcanzar esto. Creo que este rodeo es tanto espacial como dimensional. Dios está en nuestro pasado y nuestro futuro. Nuestro Padre es más que un observador; Él está en contacto con nosotros. David describe esto como la mano de Dios sobre su vida. Dios se involucra con nosotros. Él es esa mano de consuelo así como la que nos toma de la mano para dirigirnos. Su mano está sobre nuestra cabeza para bendecirnos. Él es la mano que nos libra del peligro. Cuando Dios pone su mano sobre algo, confiere bendición y una conciencia de su unción. David llamó a esta consciencia algo demasiado maravilloso y demasiado alto de conseguir. Está fuera de nuestro alcance comprenderlo, y mucho más lejos de nuestra capacidad de merecerlo.

Y para estar segura de que nada de la belleza y riqueza de todo esto se perdiera en la traducción, estoy incluyendo también estos versículos parafraseados:

> Miro detrás de mí y tú estás ahí,
>   Después alzo mi cabeza y también estás ahí.
> Tu presencia reconfortante, al ir y al venir.
>   Esto es demasiado, demasiado maravilloso.
> ¡No puedo asimilarlo todo!
>   (Salmos 139:5-6, MSG, traducción libre)

¿Oyes esto?

La conciencia de Dios tiene la intención de abrumarnos.

En este momento Él está ahí contigo, así como está aquí conmigo. La presencia de Dios no requiere un templo, una canción o un sermón. Sus hijos son el enfoque de su presencia. *Emanuel* significa "Dios con nosotros", y esta palabra es nuestra reafirmación de su presencia.

En el Antiguo Testamento, la unción de la presencia de Dios descansaba predominantemente sobre el profeta, sacerdote y rey. La nube de día y la columna de fuego de noche apartaban al pueblo de Israel como su propiedad. Pero ahora, ¡su presencia es también para nosotros! Nuestra bienvenida fue proclamada con el nacimiento de Jesús, nuestro Emanuel:

> Pero el ángel les dijo: "*No temáis; porque he aquí os doy nuevas de gran gozo, que será* ***para todo el pueblo***".
>
> (Lucas 2:10, énfasis añadido)

Esencialmente, el ángel dijo: "No tengan miedo. Abran su corazón y sus ojos. Tengo un anuncio de buenas noticias; todos están incluidos, así que ¡dejen que su corazón se inunde de gozo!".

Cuando mis hijos eran pequeños, se ponían una manta sobre la cabeza y se imaginaban que habían desaparecido de nuestra vista. Dios no está ciego a nuestra situación solo porque nosotros no podamos verlo. En el huerto del Edén, Adán y Eva hicieron lo mismo.

> Y oyeron la voz de Jehová Dios que se paseaba en el huerto, al aire del día; y el hombre y su mujer se escondieron de la presencia de Jehová Dios entre los árboles del huerto. (Génesis 3:8)

Cuando piensas en ello, esto es a la vez algo trágico y divertido. Ellos pensaron que podían esconderse del Creador detrás de los árboles que Él había creado. Pero es igual de necio que nosotros pensemos que hay un lugar en nuestra vida que está oculto de su presencia. La buena noticia es que así como no hay *ningún lugar* donde esconderse, tampoco hay *ninguna razón* para escondernos.

Tenemos este consuelo:

> Y no hay cosa creada que no sea manifiesta en su presencia; antes bien todas las cosas están desnudas y abiertas a los ojos de aquel a quien tenemos que dar cuenta. (Hebreos 4:13)

El hecho de que todos estemos desnudos y expuestos es la razón misma por la que necesitábamos un Sumo Sacerdote que entendiera el dolor de estar desnudo y expuesto. El escritor de Hebreos continúa:

> Por tanto, teniendo un gran sumo sacerdote que traspasó los cielos, Jesús el Hijo de Dios, retengamos nuestra profesión. Porque no tenemos un sumo sacerdote que no pueda compadecerse de nuestras debilidades, sino uno que fue tentado en todo según nuestra semejanza, pero sin pecado. (Hebreos 4:14-15)

> Creemos que el triunfo de su victoria es mayor que la lucha de nuestra realidad.

Como tenemos un Sumo Sacerdote que entiende que nuestra lucha es real, podemos aferrarnos en fe. Y como creemos que el triunfo de su victoria es mayor que la lucha de nuestra realidad, nos acercamos a Dios sin temor a su rechazo.

> Acerquémonos, pues, confiadamente al trono de la gracia, para alcanzar misericordia y hallar gracia para el oportuno socorro. (Hebreos 4:16)

Él sabe lo que hemos hecho, así como Dios sabía lo que había que hacer para redimirnos. Despojado de toda ropa, Jesús tomó nuestro pecado sobre el madero de la cruz para llevar la vergüenza de nuestra desnudez y cubrirnos con su justicia eterna.

Preciosa ahijada, el enemigo de tu alma no quiere que sepas esto. Quiere que te aferres a imágenes de un Dios enojado y lejano que te ve como un crítico a un lado de tu vida, con los brazos cruzados, esperando a que cometas un error. Y cuando falles, porque fallarás –ya que ninguna fallamos en fallar– él espera que te imagines que tu Padre se retira. Él no quiere que te des cuenta de que cuando fallas o te tambaleas, tu Padre se acerca más. Espera que pienses que Dios te dio la espalda, o peor aún... que se rinde contigo y te abandona. El enemigo empuja en esta línea de engaño, esperando que respondas a un abandono imaginario para que le des la espalda a Dios.

Escúchame, ahijada:

Nuestro Padre celestial no es así.

Él es todo bondad. Es distinto incluso al mejor padre que ninguna de nosotras haya conocido.

Su bondad es incomprensible para nosotros.

David continúa dibujando la inmensidad de la conexión personal de Dios con nosotros en los siguientes versículos:

> ¿A dónde me iré de tu Espíritu?
> ¿Y a dónde huiré de tu presencia?
> Si subiere a los cielos, allí estás tú;
> Y si en el Seol hiciere mi estrado, he aquí, allí tú estás. (Salmos 139:7-8)

El Seol es el ámbito de la sombra y la muerte. Sin embargo, no hay sombra que pueda separarte de su presencia. La muerte no puede separarte del Rey de la Luz. La versión *The Message* lo expresa de este modo:

> ¿Hay algún lugar donde pueda ir para evitar a tu Espíritu?
> ¿Para estar fuera del alcance de tu vista?
> Si subo al cielo, ¡ahí estás tú!
> Si desciendo bajo tierra, ¡ahí estás tú!
> (Salmos 139:7-8, traducción libre)

No hay altura que puedas subir que esté fuera de su alcance o rescate. No hay pozo que puedas hacer que sea tan profundo que Él no pueda sacarte. Él es el Dios de los cielos y, sin embargo, el ámbito tenebroso del inframundo tiembla cuando se susurra su nombre.

> Deja de pensar que no has hecho lo suficiente, porque realmente no puedes.

Hija, deja de preocuparte… es agotador.

Deja de tener temor a fallar a Dios; no lo has hecho.

Deja de pensar que no has hecho lo suficiente, porque realmente no puedes.

Deja de esconderte porque la vergüenza te dijo que no eras suficiente.

Nosotros no somos la respuesta.

Es Jesús quien es más que suficiente.

Estás rodeada; quizá quieras también lanzar los brazos al aire y rendirte a su amor y verdad.

Él está contigo, cerca de ti, amándote.

Cierra tus ojos y susurra su nombre:

Jesús.

En este nombre y en este momento, cualquier distancia que te hayas imaginado ha sido reducida, cada grieta ha sido sellada, y cada temor paralizante se ha ido volando.

¿Por qué estamos intentando con tantas fuerzas *ser buenas*? Es imposible.

Solo podemos hacer el bien, y cualquier cosa buena que tenemos, Él nos la ha dado.

Invita a que la luz de su amor exponga las mentiras bajo la sombra del maligno.

¿Qué pasa si metes la pata? ¿Quién no lo ha hecho alguna vez? ¿Y si te has pasado toda la semana, el mes, el año o la década congelada de miedo? Ahijada, tú tienes un poder mayor que cualquier varita mágica imaginaria. Es el poder de la elección. ¡Tienes el derecho de decidir que mañana será diferente! Es tiempo de romper las ataduras de la mentira y avanzar.

Oye esto:

> Por la misericordia de Jehová no hemos sido consumidos, porque nunca decayeron sus misericordias. Nuevas son cada mañana; grande es tu fidelidad.
>
> (Lamentaciones 3:22-23)

Su amor *nunca* se acaba.

Su misericordia *nunca* se agota ni deja de existir.

¿Por qué? Es totalmente inagotable. El amor y la misericordia que Él personalmente *siente por ti* y *es para ti* se renuevan *cada* mañana.

Cada día es un reinicio. Cuando despertaste esta mañana, su corazón dio un vuelco de amor y misericordia hacia ti. No pensó ni por un solo instante: *Ella me decepcionó ayer. Espero que no vuelva a meter la pata hoy.* Tú, quizá, pienses eso, o tus padres tal vez lo hayan dicho, pero nunca tu Padre.

Él te cuidó mientras dormías y se regocijó cuando despertaste. Me pregunto si está pensando: *Estoy impaciente por sorprenderla con mi amor; el día de ayer ya se fue y hoy es un nuevo comienzo.*

En palabras de *Anne of Green Gables*: "El día de mañana es siempre nuevo, todavía no hay errores en él".[2]

El enemigo de tu alma no quiere que creas esto. Él quiere que lleves contigo un saldo de culpa para poder amortajarte en la sombra de la vergüenza residual. Él quiere verte derrumbada bajo el peso de cada error y condenada por cada momento de pecado de un millar de ayeres.

Sí, cuando miramos atrás siempre descubriremos un patrón, pero cuando elevamos nuestro corazón a Dios descubrimos un camino.

Él quiere un hoy desprovisto de su fuerza para que la esperanza del mañana quede abortada. Se burla de cualquier intento que hagas con declaraciones suyas: "Fallaste ayer, y volverás a fallar hoy. ¿Para qué intentarlo? ¿No ves el patrón?".

Sí, cuando miramos atrás siempre descubriremos un patrón, pero cuando elevamos nuestro corazón a Dios descubrimos un camino. El enemigo quiere que mires atrás para que vuelvas atrás. No lo hagas. Acepta el camino de Dios de amor y misericordia. El enemigo es incesante en sus intentos de derribar el amor y la misericordia que te rodean. Esta es otra capa de asombro: el Dios que es difícil pasar por alto, que te rodea, ¡hace que te sigan!

RODEADA Y SEGUIDA

> Ciertamente el bien y la misericordia me seguirán
> todos los días de mi vida,
> y en la casa de Jehová moraré por largos días.
> (Salmos 23:6)

Él ha estipulado que su bondad y su misericordia nos sigan ¡hasta que encontremos nuestro hogar eterno! No podemos pasarlo a Él por alto porque estamos rodeadas, ¡y guarda nuestras espaldas!

Sería un grave error imaginar que es *nuestra* bondad y misericordia lo que nos sigue. Probablemente no tengo que decirte esto, pero no es la bondad y misericordia de nuestros hermanos y hermanas lo que nos sigue. Quizá algunos días disfrutamos de la bondad y misericordia de nuestros amigos, ¡pero solo Dios nos da sombra todos nuestros días! Solo Dios es pura bondad y misericordia. La palabra *seguirán* implica que hay movimiento. Es difícil seguir a alguien que no se está moviendo. Por supuesto, aunque estemos de pie, congeladas por el miedo o la indecisión, su misericordia y bondad permanecen; pero ¿no sería mejor para nosotras movernos para que otros puedan experimentar la maravilla de su despertar? Pedro hizo un movimiento atrevido que se podría percibir como una equivocación.

> Entonces le respondió Pedro, y dijo: Señor, si eres tú, manda que yo vaya a ti sobre las aguas. Y él dijo: Ven. Y descendiendo Pedro de la barca, andaba sobre las aguas para ir a Jesús. Pero al ver el fuerte viento, tuvo

> miedo; y comenzando a hundirse, dio voces, diciendo:
> ¡Señor, sálvame! (Mateo 14:28-30)

Me alegra que Pedro saliera de la barca sin ningún requisito previo. Me alegra que simplemente dijera: "Jesús, si eres tú, saldré de la barca". Pero no dudó hasta que vio de lo que era capaz el viento. Hoy en día, esta interacción podría sonar algo parecido a esto: "Jesús, si eres tú y puedes garantizarme que no me voy a hundir ni a quedar como una idiota delante de mis amigas, entonces saldré". Creo que Jesús diría: "No, amiga, mejor quédate donde estás". A veces, primero tienes que arriesgarlo todo para caminar sobre el agua. Pedro se hundió, pero también fue el único discípulo que caminó alguna vez sobre el agua.

¿Qué tienes que arriesgar? ¿De qué tienes miedo? ¿Qué cosa tan horrible has hecho que Él no pueda usar como una oportunidad para enseñarte? ¿Estás intentando esconderlo? Ya hemos hablado de cuán necio es imaginar que podemos esconder algo de Aquel que todo lo ve.

Es demasiado para que tú lo lleves; déjalo ahora delante de Él como una ofrenda. ¿Es un pecado, un tropiezo o un error que el enemigo o la religión te ha dicho que está más allá de la gracia y la misericordia de Dios?

Incluso si la gente no puede perdonarte... Él sí lo ha hecho. Recíbelo.

Ahijadas, es tiempo de salir de la barca y ser valientes. Es tiempo de dejar de poner excusas o imaginar fútilmente que podemos pagar por nuestros pecados. Hagamos un giro de ciento ochenta grados y volvamos a Dios. Este giro de ciento ochenta grados es el arrepentimiento.

El don del arrepentimiento transforma la más fea de nuestras acciones, etapas, lugares y partes de la vida, en espacios de esperanza para otros. Cuando las entregamos a nuestro Señor, Él les da la vuelta para su gloria.

Con el paso del tiempo, cada recuerdo de pecado que el enemigo hacía pasar por mi mente con la esperanza de que me diera escalofríos y me acobardara, ha sido redimido sin dejar rastro de vergüenza. Cada vez que la serpiente susurró: "No puedes decir eso porque no lo viviste", la mentira fue expuesta, y descubrí mi voz y la usé para levantar a otras personas. Te reto a encontrar tu voz y hacer lo mismo.

Su misericordia, amor y cercanía son regalos de amor para que los valores y no los uses mal. Las cosas preciosas no deberían tratarse como si fueran comunes. Esta revelación viene con un aviso:

> ¿Qué, pues, diremos? ¿Perseveraremos en el pecado para que la gracia abunde? En ninguna manera. Porque los que hemos muerto al pecado, ¿cómo viviremos aún en él? (Romanos 6:1-2)

Aunque su amor y perdón son inagotables, no te creas que son baratos. Vivimos en un mundo donde las leyes de la economía nos dicen que mientras mayor sea el suministro, más barato es el costo; y mientras mayor sea la demanda, mayor es el costo para los consumidores. Por fortuna, el reino de Dios se mueve con un sistema de economía totalmente distinto al nuestro. Mientras mayor es la demanda (necesidad), menor es el costo para los consumidores (nosotros) y mayor es el gasto para el proveedor. Dios dio a su único Hijo para redimir a los que estábamos atrapados en las tinieblas y a quienes el pecado había dejado sin valor alguno a ojos de este mundo.

> ¿O no sabéis que todos los que hemos sido bautizados en Cristo Jesús, hemos sido bautizados en su muerte?
>
> (Romanos 6:3)

Él entregó todo por nosotros; por lo tanto, no podemos hacer menos que rendirle todo. Él murió por nosotros, y nosotros entramos en su obra de muerte que nos conduce a la vida.

Por lo tanto, esas grandiosas y gloriosas promesas son para los que están en Cristo... las ahijadas y ahijados. Estas palabras están escritas para los dispuestos y no para los obstinados. Mientras seamos ahijadas con un corazón humilde, entregado y moldeable, Él hace que todas las cosas (las buenas, las malas, las estúpidas, las pecaminosas, las sucias y las muy feas) obren juntas para bien.

CRISTO NUESTRO ABOGADO

> Hijitos míos, estas cosas os escribo para que no pequéis; y si alguno hubiere pecado, abogado tenemos para con el Padre, a Jesucristo el justo. Y él es la propiciación por nuestros pecados; y no solamente por los nuestros, sino también por los de todo el mundo.
>
> (1 Juan 2:1-2)

Los pecados del mundo han sido cubiertos. Gracias a Dios que el cielo sabía que necesitaríamos esto. La esperanza es que *no* pequemos, pero cuando *sí* lo hacemos, hay provisión. Probablemente esto no te va a sorprender.

Yo peco.

Tú pecas.

Nosotras pecamos.

No estoy intentando ser frívola con el pecado. El pecado es demasiado destructivo y peligroso como para tratarlo a la ligera. Solo quiero que entiendas que, fuera de Cristo, ninguna estamos sin pecado.

La esperanza es que a medida que conocemos y crecemos, pecaremos menos.

He dicho esto antes, pero vale la pena repetirlo. Cometer un error no te hace ser un error, y si piensas que sí, entonces estás equivocada. Las que hemos cometido y cometeremos errores no estamos solas. El único fracaso que es seguro es el fracaso de lo que se quedó sin hacer.

> Cometer un error no te hace ser un error, y si piensas que sí, entonces estás equivocada.

Abraham, Sara, Moisés, el rey David y el rey Salomón son solo una muestra de los héroes de la fe del Antiguo Testamento que pecaron o cometieron errores terribles. Cuando miramos el Nuevo Testamento, tenemos a los apóstoles de élite Pablo, Pedro y Tomás metiendo la pata. Y sin embargo, todos estaban en el plan de Dios incluso *después* de meter la pata. ¿Por qué alguna de nosotras imagina que sería distinto en nuestro caso? No te imagines, amada, que has estropeado el plan de Dios para tu vida; no eres tan poderosa.

Solo hay uno totalmente sin pecado y que nunca se ha desviado... Jesús. Y siempre que te vuelvas a Él (arrepentida), hay un reinicio. Esto significa que la metedura de pata no es el final de la historia.

Por lo tanto, respira hondo, ahijada, y comienza con la seguridad de lo siguiente:

Él está cerca.

No puedes fallar a Dios... Él está en todo lugar.

Estás rodeada... su mano está sobre ti.

Eres seguida... Él cubre tus espaldas.

Si no puedes fallar, entonces no tienes que estresarte.

Fija tu corazón en Él, y avanza con confianza.

PARA ROMPER EL HIELO

¿Cuáles son las áreas de la vida en las que te has quedado paralizada por el temor a fallar a Dios?

¿Cómo te sientes al estar rodeada y ser seguida?

¿Qué es algo que puedes hacer ahora para comenzar a avanzar hacia delante?

Tres

Pide lo que necesitas

Madurez espiritual no es saber qué hacer con toda tu vida, sino saber qué hacer a continuación.
—Henri Nouwen

Mientras tu corazón esté fijado en el peregrinaje, no tengas miedo a decirles a tus pies que sigan caminando. Para Dios es más fácil dirigirte cuando estás en movimiento que cuando estás quieta. Atrévete a dar un paso. O en palabras de Henrietta Mears: "Es difícil mover el volante de un automóvil estacionado, así que empieza a moverte".[1]

Es fácil para mí decir esto con plena confianza porque he experimentado la fidelidad de Dios por casi cuarenta años. Pero a la vez lo entiendo porque recuerdo claramente tener esta misma lucha en mi época de nuevos comienzos.

Estaba recién salida de la universidad, recién casada, en una ciudad nueva, sin experiencia laboral y sin conexiones. Acepté un trabajo como contadora en el departamento de contabilidad de una iglesia. Era diligente pero me sentía completamente miserable. Era una atmósfera increíblemente tensa que me provocaba un nudo en el estómago. Las conversaciones eran raras ya que todos estábamos contando dinero, pero cuando alguien hablaba, era para chismear. Yo intentaba lo máximo posible mantener la cabeza agachada y la boca cerrada, pero aun así no podía evitar los desprecios sobre mi pasado, mi ropa e incluso mi matrimonio. Después del trabajo, corría a nuestro apartamento, casi arrollando a John cuando él intentaba abrazarme, apresurándome como una loca por entrar al baño.

Desconcertado, John me preguntaba: "¿Por qué no usas el baño en el trabajo?".

"No puedo", protestaba desde detrás de la puerta cerrada. "Si sales de la sala, todos hablan mal de ti".

Había aprendido por las malas que estaba la persona mezquina, y después estaba la mujer de la iglesia mezquina. No estaba dispuesta a recibir más golpes de los necesarios.

Finalmente, John se hartó. "Lisa, tienes que conseguir otro trabajo. Lo odias, y dudo que la contabilidad sea para ti tu carrera profesional toda tu vida".

En ese entonces John trabajaba como ingeniero, y el poco dinero que yo ganaba era un ingreso para ahorro.

Pero tenía miedo a irme. Había perdido mi primer empleo tras salir de la universidad. Despedida directamente a la puerta de salida. Tenía miedo a decepcionar a Dios si dejaba un trabajo que estuviera relacionado de alguna manera con el ministerio. Temerosa de lo que la gente en el trabajo pudiera pensar y decir.

Temerosa de no ser capaz de conseguir otro empleo y temerosa de tener que volver a ser camarera. Temerosa de ser un drenaje económico continuo en nuestro matrimonio y no poder nunca hacer alguna aportación económica significativa para nuestro hogar. Tenía miedo de salir y tenía miedo de quedarme. Tener miedo era mi normalidad.

Había muchos miedos que me tenían totalmente paralizada.

Podía tan solo haber escuchado a John e irme. Podía haber sacado la carta de la sumisión y esconderme detrás de John y anunciar con plena confianza: "Mi esposo no quiere que trabaje más aquí, así que me voy".

Incluso ellos podrían quedar impresionados, quizá, de cuán sumisa me había vuelto. Pero no habría sido un enfoque sincero o ni siquiera obediente. John habría hecho de escudo para mí, de modo que yo me escondiera tras él. Al final yo, y no John, tendría que vivir con las consecuencias de mis decisiones.

En busca de dirección, aparté algo de tiempo ese fin de semana para orar y escuchar de Dios. He aprendido que Dios no tiene problema en hablarnos mediante las Escrituras, y necesitaba una promesa que me hiciera proseguir, ya fuera que me quedara o pasara a otra posición. Sentada con las piernas cruzadas en nuestra cama con mi Biblia en mi regazo, cerré los ojos y oré. Comencé soltando todo: mis temores, confusión, frustración e ineptitudes, y una predominante sensación de desesperanza.

Le pedí al Espíritu Santo que me dirigiera, acallé mi alma y escuché. Casi inmediatamente, en mi espíritu oí con claridad un capítulo y un versículo de la Biblia, pero lo resistí. Tenía miedo a buscar el versículo porque era de un profeta llorón del Antiguo Testamento que yo evitaba leer. Me cuestioné a mí misma. ¿Me lo estaría inventando? ¿Acaso este libro de la Biblia tiene tantos capítulos? Temblando, abrí mi Biblia para comprobar cuántos capítulos tenía el libro en cuestión. Había más de cincuenta. Respiré hondo y abrí mi Biblia por el libro de Jeremías, capítulo 29 y versículo 11, y esto es lo que encontré:

> Porque yo sé muy bien los planes que tengo para ustedes —afirma el Señor—, planes de bienestar y no de calamidad, a fin de darles un futuro y una esperanza. (NVI)

Lágrimas inmediatas.

Probablemente sabías lo que iba a encontrar, pero yo no. En aquel momento, estos versículos fueron una afirmación personal de que yo era vista, que mis oraciones eran escuchadas y que mis temores eran entendidos.

Nuestro Padre en ese *entonces me decía* lo que creo que te está hablando a ti *ahora*: "Hijita, tengo un plan. No tengas miedo. Es un plan de bien y no de mal. Este plan no está limitado a ti ni a tu ahora. Es mayor que un empleo. Mis planes llegan a incluir tu futuro y esperanzas que ni siquiera sabes aún cómo expresar con palabras. Yo me ocupo de esto".

> El Dios al que no puedes fallar no se ha perdido nada.

Eso es todo lo que tenía, pero fue más que suficiente. Dios había hablado. Qué alivio. Yo no tenía que solucionar nada, y ¿sabes qué? tú tampoco. Escúchame, ahijada paralizada: el Dios al que no puedes fallar no se ha perdido nada.

Él conoce el dolor. Él conoce el desánimo. Él conoce cómo has fallado. Él sabe cómo los demás te han fallado. Él conoce los temores que te han paralizado. Él ha oído sus susurros. Ha escuchado los planes que hicieron para ti.

Pero nada de eso importa. Las palabras de otros son como polvo que se va con el viento. Es la Palabra del Señor lo que prevalece y perdura para siempre.

Él soplará esas vanas palabras, como la paja, al establecer *su plan*. Él se ríe de la traición del enemigo y usa lo que tenía intención de detenerte como obstáculos que te preparan. Su plan prosperará tu alma, bendecirá la obra de tus manos y hará que el legado de tu vida prospere. Hay risa en tu futuro. Atrévete a tener esperanza porque el plan de Dios es mucho mayor.

Su plan usa el plan del enemigo para tu beneficio.

En lugar de acobardarte, permite que cada dificultad que encuentres provoque una nueva fuerza dentro de ti. Observa cómo se tuerce el complot, porque lo que otros hicieron para causarte mal, Dios hará que obre para tu bien.

Querida, levántate, alza tu cabeza y comienza de nuevo. No es el final de la historia. Hay una esperanza futura para ti. Si no la ves en el transcurso de tu vida, no importa. Sus planes no están limitados a nuestro tiempo en este ámbito de lo temporal. ¿Se te ha olvidado que eres hija de la eternidad?

Dios está cerca, guardando tus espaldas, y tiene un plan.

HAY UN PLAN

Cuando mis cuatro hijos eran pequeños, John viajaba *mucho*. Esto significaba que hasta que mis niños no fueran mayores tendrían que hacer *muchos* recados conmigo, algo que aborrecían *mucho*. Me di cuenta de que el mejor enfoque para esas salidas era sorprenderlos y retener las explicaciones hasta que estuviéramos en el auto. En un momento dado, quizá descubría que nos faltaba comida y gritaba: "Oigan chicos, ¡todos al auto!".

Era entonces cuando comenzaba la protesta colectiva.

"¿Vamos a hacer recados?".

"¡No me gusta comprar!".

"¿A cuántas tiendas vamos a ir?".

"¿Cuánto tiempo vamos a estar fuera?".

"¿Vamos al médico?".

"¿Me van a poner una vacuna?".

"¿Comeremos fuera?".

"¿Me puedo quedar en casa?".

Yo tenía un plan. Era para hacerles bien y no mal. Por lo general tenía que ver con material escolar, ropa o alimentos para su futuro.

Solo podía responder según lo que yo sabía, y la mayoría de las veces no estaba segura. Si decía que estaríamos fuera una hora y la escapada a la compra terminaba siendo de tres horas, entonces estaba en problemas. ¿Alguna vez has hecho recados con cuatro niños? Es como arrear gatos.

Mi respuesta era algo como: "Chicos, tenemos que hacer esto, así que necesito que todos suban al auto lo más rápido posible. No tengo ni idea de cuánto vamos a tardar o cuántas paradas tengamos que hacer. Quién sabe, quizá todos consigamos alguna cosita. Mientras antes nos vayamos, antes regresaremos. Vamos a subir todos al auto y a disfrutar del viaje".

Yo conocía el plan, pero la cantidad de tiempo que duraría el plan dependería de cosas que estaban fuera de mi control: cuánto tiempo tardaríamos en encontrar cada artículo mientras minimizaba las peleas, localizar hijos perdidos (piensa en un supermercado Costco con repartos de muestras) y hacer todo lo que había en mi lista de mamá, algo que en pocas ocasiones recordaba hacer.

Confía en que *Dios conoce el plan;* Él está colocando las piezas en su lugar para que te puedas subir al auto ¡y disfrutar del viaje! *Él está asegurando el viaje para ti.* Si con lo único que tuvieras que trabajar fuera con estas dos cosas, sería más que suficiente, pero hay mucho más. Hay otra pieza que tienes que conocer si te gusta analizar mucho las cosas.

Él te ama justo donde te encuentras.

Él te ama antes de que des un paso adelante.

Él te ama si das un paso atrás.

Él te ama porque creíste.

Dios Padre te ama porque amas a Jesús.

Eres familia, y Él quiere tener una conversación con nosotras en vez de simplemente responder a las preguntas diarias que solemos tener el hábito de presentarle en oración. Pedimos lo que necesitamos en el contexto de nuestra relación.

Permíteme explicarlo. A menudo, cuando oramos, en vez de escuchar le ofrecemos opciones a Dios. Si no tenemos cuidado, nuestro tiempo de oración comenzará a sonar como si le estuviéramos entregando a Dios un examen de múltiples opciones:

Padre celestial, ¿debería…?

A. Seguir en mi trabajo

B. Aceptar esta oferta de trabajo actual.
C. Buscar otro trabajo.
D. Ninguna de las anteriores.

O quizá es un examen más fácil:

¿Estoy llamada a hacer esto o aquello?
¿Debería casarme con él o no?
¿Debería quedarme o irme?
¿Debería dar o no dar?

Ya captas la idea. Imagínate cómo suena esto. Creador del universo, estas son tus opciones. ¿Cuál es la correcta? De acuerdo, gracias. Eso es lo único que necesitaba. Y después hay otras ocasiones en las que nos esforzamos por escuchar su respuesta y nos sorprende no oír nada. Creo que en esas ocasiones Dios nos está diciendo: "Hija, siéntate conmigo. Respira hondo. Descansa en mí. Escucha lo que tengo que decir, no lo que tú quieres oír. Tengo planeada una aventura. Soñemos juntos. Mis opciones son emocionantes y sin límite. No limites mis respuestas a estas opciones que tú tienes. Hay más. Tengo soluciones que no te has atrevido a imaginar. Mi plan te hará crecer, ¡mientras te prepara para cosas futuras!".

A veces su idea es práctica y, una vez que la oímos, obvia.

Por ejemplo, cuando nuestro hijo Addison era un bebé, John y yo estábamos planeando unas vacaciones. John insistía en que dejásemos a Addison para poder tener un tiempo de calidad juntos como pareja, y yo insistía en llevar al bebé porque no estaba preparada para no cuidarlo. John lo puso en oración. Le preguntó a nuestro Padre celestial: "¿Llevamos al bebé o lo dejamos en casa?". No hubo respuesta. John preguntó: "¿Hay algo más en lo que no estoy pensando?". De inmediato pensó en otra idea. Podíamos llevar a Addison y contratar a una niñera a través de una iglesia local que conocíamos en el lugar donde íbamos. Así podríamos tener tiempo juntos y yo no tendría que dejar a nuestro bebé en casa. Eso es lo que hicimos. Durante sus siestas, montábamos en moto por una isla rosada y nos bañábamos en las calas. Yo estaba feliz, John estaba feliz, y una jovencita fue bendecida con un empleo.

Volviendo a mi historia anterior, el pasaje que leí en Jeremías 29 no reveló el plan. No oí un resonante: "¡Deja tu trabajo!", ni escuché: "¡Sigue en tu trabajo!". Sencillamente supe que Dios no se había perdido nada y que Él tenía un plan, y eso fue suficiente para romper el miedo que me había paralizado para no hacer nada. Una paz se asentó sobre mí al darme cuenta de que Dios estaba en control, y que si yo me iba o me quedaba en el trabajo, mi mundo no se iba a venir abajo. Entender eso me dio la confianza que necesitaba para dar un paso atrás y evaluar la situación sin la distorsión del miedo, y tomar una decisión sabia.

USA LO QUE ÉL YA TE HA DADO

No todas las decisiones de la vida requieren el consejo de Dios. Hay algunas decisiones en la vida que tú misma puedes tomar tan solo usando el sentido común. Esa es la razón por la que Dios nos dio un cerebro. Si tienes hambre, no tienes que orar para saber si debes comer (a menos que sea para romper un ayuno). Si ves que otra persona tiene hambre, no tienes que orar para saber si debes alimentarle. Cuando dejé a un lado la confusión del temor, me di cuenta de que mi decisión del trabajo solo exigía sentido común. El entorno de la oficina era tóxico, especialmente para una cristiana bebé como era yo, a mi esposo no le gustaba lo que provocaba en mí, a mí no me gustaba lo que me provocaba, el salario no era bueno, no era un conjunto de habilidades especializadas, fui reemplazada fácilmente... así que lo comuniqué con la antelación debida y me fui. Cuando nuestra confianza está en Dios, podemos avanzar con seguridad.

Los siguientes versículos de Jeremías también tenían algo que decir a mi situación:

> Entonces ustedes me invocarán, y vendrán a suplicarme, y yo los escucharé. Me buscarán y me encontrarán cuando me busquen de todo corazón.
>
> (Jeremías 29:12-13, NVI)

Quiero que oigas estos versículos como una invitación a una comunión progresiva con Dios. Cuando invocamos a Dios, Él siempre responde: "Ven". Esto significa que vamos a la oración con una confianza total. ¿Por qué no alabarlo en lugar de hacerle preguntas?

> Entrad por sus puertas con acción de gracias,
> Por sus atrios con alabanza;
> Alabadle, bendecid su nombre. (Salmos 100:4)

Ahijada, tienes una invitación pendiente para entrar en su presencia. No tengas miedo de entrar. Yo he aprendido que es difícil pedir algo que no es lo correcto cuando estoy en su presencia. En su presencia, mi perspectiva cambia y veo la lucidez que a veces falta en mi cabeza loca. No puedo contar el número de veces que entro en su presencia imaginando que necesito una cosa y descubro que hay muchas cosas más que tengo que aprender, vivir, y amar. Salgo dándome cuenta de que lo único que necesito es a Él.

Por ejemplo, cuando voy a su presencia en conflicto con alguien que creo que me ha ofendido, descubro que mi responsabilidad en el asunto se revela. Si alguien me ha ofendido con algo que ha dicho o hecho, Él siempre indaga más profundamente para que pueda descubrir por qué me duele y de qué manera la otra persona pudo estar herida para decir o hacer algo así. A veces es tan simple como un malentendido. Con estos obstáculos apartados, comienza la sanidad. En su presencia, oigo formas de avanzar con fuerza: *ama, perdona, humíllate, ora por ellos.*

Cuando nuestro corazón está abierto, ninguna puerta está cerrada.

Permite que la gratitud y la alabanza abran tu corazón. ¡Canta mientras entras! Pon música, y mientras cantas, dale gracias por lo que Él ha hecho. Bendícelo por quién es Él. La adoración traspasa cualquier barrera; cuando nuestro corazón está abierto, ninguna puerta está cerrada. Esta dinámica de dar gracias puede ocurrir al abrir la Biblia y meditar en cuán maravilloso es nuestro Dios y su gran amor, justicia y sacrificio. ¿Necesitas algo en lo que meditar?

> Porque Jehová es bueno; para siempre es su misericordia,
> Y su verdad por todas las generaciones.
> (Salmos 100:5)

Podemos confiar en que Él es fiel con las futuras generaciones que nunca conoceremos en la tierra. Nuestro Padre es bueno… totalmente bueno. Su amor no titubea ni se dispersa y disminuye al extenderse con el tiempo hasta todas las generaciones. Él no te amó al máximo el día que naciste de nuevo y después terminó viéndote como una decepción. Nuestro Padre nos ama de manera perfecta y completa para perfeccionar y completar su obra en nosotros. Él ve la persona en la que te estás convirtiendo; su vista no está limitada a quién has sido o ni tan siquiera a quién eres en este momento. Dios ama a quienes somos en realidad.

Permíteme llevar esta idea al terreno de lo práctico. Cuando John y yo estamos en casa y quiero hablar con John, pero no sé dónde está, lo llamo. Él responde, yo voy a él, y hablamos los dos. Fácil, ¿cierto? Si John no me responde, es porque está hablando con alguien o tiene los auriculares puestos. Raras veces oye que lo llamo y se esconde o huye (solo algunas veces durante alguna discusión). Él escucha mi voz y se emociona de hablar conmigo. Él oye mi corazón y yo oigo el suyo. Jesús se hace eco de esta promesa del Padre de una forma aún más extensa:

> Pedid, y se os dará; buscad, y hallaréis; llamad, y se os abrirá. Porque todo aquel que pide, recibe; y el que busca, halla; y al que llama, se le abrirá. (Mateo 7:7-8)

Ahijada, escucha esta gloriosa promesa de nuestro Salvador; cuando pides, Él da incluso cuando no lo ves, lo oyes o lo sientes. Somos escuchadas, y se pone en movimiento una respuesta. Las palabras *se os* describen una respuesta en tiempo futuro en lugar de ser instantánea. Aunque su respuesta sea inmediata, por lo general hay una pausa antes de recibir la respuesta. Hay cosas que tienen que suceder. Piezas y personas tienen que estar en su lugar. Hay una preparación que debe ocurrir en nosotros. Hay veces en las que pedimos lo que *nosotros queremos,* y Dios tiene algo mejor en mente para nosotros; Él nos da lo que *necesitamos. Buscad y hallaréis* implica un tiempo futuro. Mirando atrás a mi vida veo que Dios es fiel, justo y verdadero, pero pocas veces lo vi en su momento. Él responde a su manera y en su tiempo, no en el nuestro.

Cuando miramos atrás, vemos lo que nos perdimos cuando estábamos sumidos en el momento y buscando una salida.

Ahijada, así como Él ha sido conmigo lo será también contigo. Confía en Él cuando no sepas qué hacer.

Cuando oras, Él escucha. Cuando buscas, hallas. Cuando buscas con todo tu corazón, tu corazón encuentra su hogar. Hacer listas y hacerle preguntas a Dios es buscar con tu cabeza en lugar de hacerlo con tu corazón. Hay veces en las que oro y no oigo nada, y sin embargo tengo paz porque sé que mi Padre es bueno, he sido escuchada, y Él tiene un plan: es para mi crecimiento y para mi bien.

> Cuando oras, Él escucha. Cuando buscas, hallas. Cuando buscas con todo tu corazón, tu corazón encuentra su hogar.

Comienza donde estás y con lo que tienes. Confía en que Dios no está intentando desviarte o engañarte. Rinde tu cargado corazón a Él y declara con confianza: "Padre, estoy avanzando en fe. Si no voy en la dirección correcta o si mi tiempo no es el adecuado, siéntete libre para detenerme y desviarme hacia la dirección correcta".

Después pide lo que necesitas.

¿Qué ocurre si pedimos mal? ¿Sabes qué? Dios también ha pensado en eso. El libro de Santiago nos dice:

> Pedís, y no recibís, porque pedís mal, para gastar en vuestros deleites. (Santiago 4:3)

Recientemente tuve a toda la familia con nosotros en Navidad. Prácticamente cada hora uno de mis hijos o nietos me pedía algún dulce. Si sabía que estaba demasiado cerca de la siguiente comida, no dudaba en decirles que no. ¿Cuánto más nuestro Padre nos negará lo que finalmente alimentará cosas malas en nuestra vida? Especialmente si son muy destructivas al final. Del mismo modo, si no pedimos conforme a su voluntad, Dios nos ama demasiado como para responder a ese tipo de oraciones.

> Y esta es la confianza que tenemos en él, que, si pedimos alguna cosa conforme a su voluntad, él nos oye.
>
> (1 Juan 5:14)

¿Y si no conocemos su voluntad? Tenemos dos guías.

> El Espíritu y la Palabra deben combinarse. Si miro solo al Espíritu, sin la Palabra, me abro a grandes engaños. Si el Espíritu Santo nos guía, Él lo hará según las Escrituras y nunca de forma contraria a ellas.
>
> George Mueller[2]

Las Escrituras deberían anclar y confirmar lo que el Espíritu susurra. Encontramos su voluntad en las sagradas Escrituras. Tenemos un testamento escrito si queremos saber cuál es su voluntad: su Palabra es su voluntad. Por lo tanto, para comenzar con lo que sabemos, debemos conocer su Palabra.

> Si permanecéis en mí, y mis palabras permanecen en vosotros, pedid todo lo que queréis, y os será hecho. En esto es glorificado mi Padre, en que llevéis mucho fruto, y seáis así mis discípulos. Como el Padre me ha amado, así también yo os he amado; permaneced en mi amor. (Juan 15:7-9)

¿Qué significa permanecer? Según el diccionario Merriam-Webster, *permanecer* significa "aguantar pacientemente, soportar sin ceder, esperar, aceptar sin objeciones, mantenerse estable y en un estado fijo de persistencia".[3] Lo contrario a *permanecer* es irse, salir y abandonar.

Las verdaderas madrinas siempre te señalarán hacia la Palabra de Dios y al corazón del Padre. Para mí, no hubo un gran momento en el que supe exactamente lo que era llamada a hacer. Solo hice lo que tuve delante de mí mientras seguía lo que Jesús decía.

Me encanta lo que me dijo alguien en las redes sociales. Ella dijo, después de buscar a Dios con fervor para saber cuál era su voluntad para su vida, que se quedó frustrada y sin ninguna dirección clara. Cuando pudo calmarse, oyó al Espíritu Santo susurrar: "Te he llamado a amar a la gente".

¿No suena eso a Jesús? Sencillo y a la vez profundo. Esta capacidad de amar a otros comienza cuando aceptamos su amor por nosotros. Como Él nos ama, podemos amar a los demás.

Por supuesto, es casi imposible dar lo que no tienes. ¿Sabes que Dios te ama? Me refiero a tu verdadero yo. Así de egoísta, así de impaciente. Así de fallida y errática. La que no pones en Instagram. Cuando eres necia y mezquina, esa hija asustada. Él ama todo lo que hay en ti. Él no está esperando a que arregles todo eso para poder amarte. Es su amor el que te está enderezando.

El amor nunca falla.

El amor comienza con quien conoces.

Ama a tu cónyuge.

Ama a tus hijos.

Ama a tus amigos.

Ama a tu prójimo.

Ama a la gente con la que trabajas.

Ama a los desconocidos.

Ama a las personas que están pasando por cosas difíciles.

Ama cuando sea difícil.

Ama a las personas difíciles... ellas son las que más lo necesitan.

Ama a las personas cuyo estilo de vida y fe no coinciden con los tuyos.

Ama a tus enemigos; amar no es aprobar lo que hacen.

Amar es el mandamiento de Dios. Porque el amor es la respuesta a prueba de errores.

PARA ROMPER EL HIELO

¿Le has estado haciendo muchas preguntas a Dios?

¿Cuál cosa te ha dado miedo pedir? Atrévete a pedírsela ahora.

¿Quién es alguien a quien te ha dado miedo amar?

Cuatro

Cuando lo que necesitas es sanidad

Bendice, alma mía, a Jehová,
Y no olvides ninguno de sus beneficios.
El es quien perdona todas tus iniquidades,
El que sana todas tus dolencias.
—Salmos 103:2-3

Aunque Dios nos dice que pidamos lo que necesitamos, a menudo dudamos en pedir cuando se trata del tema de la sanidad. Quizá hemos experimentado alguna decepción en el pasado cuando las cosas no sucedieron en el tiempo que esperábamos o a nuestra manera. Pero nunca dudes que Dios sana.

Él sana a su manera, no a la nuestra.

Él sana en su tiempo, no en el nuestro.

Él sana en esta vida o en la siguiente.

Sé que otros dirán lo contrario.

Quizá olvidan que Dios es el benefactor que nos ayuda cuando nosotros mismos no podemos ayudarnos. Cuando se trata de la sanidad, olvidar puede ser peligroso. Puede hacer que nos cuestionemos todo cuando no entendemos quién es Él. Es crucial que nos recordemos a nosotros mismos cuán maravilloso es en verdad Aquel a quien llamamos Señor y Padre. Un beneficio es que nos ayuda en nuestro tiempo de necesidad. La paráfrasis *The Message* dice:

> Oh alma mía, bendice a Dios,
> ¡No olvides ni una sola de sus bendiciones!
> Él perdona tus pecados, cada uno de ellos.
> Él sana tus enfermedades, cada una de ellas.
> (Salmos 103:2-3, traducción libre)

Como los seres humanos podemos ser olvidadizos, hay veces en las que tienes que hablar a tu alma y recordarle que bendiga a Dios. Este salmo de David comienza diciendo:

> Bendice, alma mía, a Jehová,
> Y bendiga todo mi ser su santo nombre.
> (Salmos 103:1)

David habló a su alma y se dirigió a cada parte de su ser interior mandándole a bendecir y abrazar plenamente la maravilla de Dios.

Por el momento, dejemos a un lado el asunto de la sanidad y respondamos a otras dos preguntas. ¿Creemos que Dios puede protegernos cuando parece que la vida se descontrola? ¿Creemos que nuestro Padre perdona *todos* nuestros pecados, o solo algunos de ellos?

Nuestro mejor recordatorio de la protección y provisión de Dios se encuentra en el Salmo 91. Cuando nos sentimos ansiosas e incapaces de ver la protección de Dios, tenemos estas palabras para orar y creer:

> Los que viven al amparo del Altísimo
> encontrarán descanso a la sombra del
> Todopoderoso.
> Declaro lo siguiente acerca del Señor:
> Solo él es mi refugio, mi lugar seguro;
> él es mi Dios y en él confío.
> Te rescatará de toda trampa
> y te protegerá de enfermedades mortales.
> Con sus plumas te cubrirá
> y con sus alas te dará refugio.
> Sus fieles promesas son tu armadura y tu protección.
> No tengas miedo de los terrores de la noche
> ni de la flecha que se lanza en el día.
> No temas a la enfermedad que acecha en la oscuridad,
> ni a la catástrofe que estalla al mediodía.
> Aunque caigan mil a tu lado,
> aunque mueran diez mil a tu alrededor,
> esos males no te tocarán.
> Simplemente abre tus ojos
> y mira cómo los perversos reciben su merecido.
> Si haces al Señor tu refugio
> y al Altísimo tu resguardo,
> ningún mal te conquistará;
> ninguna plaga se acercará a tu hogar.
>
> (VV. 1-10, NTV)

¿Y qué de nuestros pecados? ¿Hay pecados demasiado oscuros o sucios como para que la sangre de Jesús los limpie? O quizá esta pregunta toca un espacio más íntimo. ¿Están tus pecados fuera del alcance del poder de su redención? ¿O nos imaginamos que el pecado ya no existe y por lo tanto no tenemos necesidad de ser perdonados y limpiados? ¿Se convierte Dios en menos porque escogemos verlo bajo esa luz?

¡No, en ningún caso! Mil veces no. No hay pecado que esté fuera del alcance de su perdón; no hay brecha que Él no pueda cerrar.

Sabemos que Dios puede transformar los pecados más rojos en un blanco radiante. La sanidad más profunda se produce cuando lo viejo se hace nuevo y la eternidad entra en nuestro corazón. ¿Por qué sería distinto con la sanidad del cuerpo?

> La oración reconoce quién es Dios e invita a que se involucre en nuestro mundo perdido y quebrado.

He visto matrimonios, amistades y relaciones rotas, ser sanados.

Aún sigo decidiendo creer que Dios sana, aunque he visto a amigos empeorar en lugar de mejorar después de haber orado por ellos.

Pero sigo orando, porque la oración no es para darle órdenes a Dios para que haga lo que nosotros declaramos. La oración reconoce quién es Dios e invita a que se involucre en nuestro mundo perdido y quebrado.

Dios no está obligado a sanar *cuando* yo creo que debería hacerlo.

Dios no está obligado a sanar *como* yo creo que debería hacerlo.

A veces, Dios sana a través de doctores y de la medicina.

Otras veces, Dios sana mediante un cambio radical de estilo de vida o dieta.

Hay veces en las que Dios sana a la persona mediante la oración.

He visto a personas sanar físicamente después de perdonar y cancelar lo que mantenía a su cuerpo atado en amargura.

Otras veces Dios sana y les hace nuevos en el cielo.

No puedo negar las cosas que he visto con mis ojos y que he tocado con mis manos. En estas páginas compartiré las historias que conozco. No son cuentos de hadas. Son testamentos del poder del Dios vivo.

UNA SANIDAD PERSONAL

Cuando escuché el evangelio por primera vez, tenía veintiún años. Entregué mi vida hecha pedazos al señorío de Jesucristo y nací de nuevo. Después de orar, John declaró: "Ahora eres salva".

Realmente no tenía ni idea de lo que quiso decir. Era salva ¿de qué? Le pregunté: "¿Qué significa eso?".

John me respondió: "Salvación significa que eres una persona nueva: espíritu, alma y cuerpo".

Él no tenía ni idea de que sentada enfrente de él había una muchacha cuyo cuerpo estaba controlado por un cruel trastorno alimenticio y cuyo estómago se retorcía constantemente de dolor por una intolerancia a la lactosa.

"Entonces ahora que soy cristiana, ¿puedo comer queso?", le pregunté.

John me miró confundido, así que le expliqué: "Tú dijiste que ahora soy una persona nueva: espíritu, alma y cuerpo. Yo tengo intolerancia a la lactosa, pero realmente me encantaría volver a comer queso".

Yo asociaba la comida con el dolor. Justo ese último semestre me habían hospitalizado mientras me hacían un sinfín de pruebas. John tomó mis manos y me dirigió en otra oración. Me dijo que repitiera las palabras después de él: "Jesús, gracias por sanarme de la intolerancia a la lactosa. Amén".

Eso fue todo.

No hubo ningún coro, ni una máquina de humo ni alguien en un micrófono. Tan solo una oración susurrada entre dos personas en una noche calurosa de verano en Indiana.

Al instante me sentí envuelta en el amor de Dios, y una sensación de calidez llenó mi estómago. Era como si todos los nudos que había sentido desde que tenía quince años se relajaran y se soltaran. Supe que algo había cambiado drásticamente en mi cuerpo. Fui sanada.

Al día siguiente salí a comer con una amiga, y le dije lo que había ocurrido. Le dije que había nacido de nuevo y que había sido sanada. Éramos amigas desde hacía casi una década, y ella estaba muy familiarizada con mi reacción a los lácteos. Se quedó espantada mientras yo pedía todo tipo de productos lácteos. Me sugirió que quizá me estaba pasando, al punto de tentar a Dios; pero mi razonamiento era que sanada era sanada, y si verdaderamente había sido sanada, mi cuerpo sería capaz de manejarlo. Nos unimos de las manos, oramos y le dimos gracias a Dios por nuestra comida, según 1 Timoteo 4:4-5:

> Porque todo lo que Dios creó es bueno, y nada es de desecharse, si se toma con acción de gracias; porque por la palabra de Dios y por la oración es santificado.

Poco más de un año después, Dios me sanó de un trastorno alimenticio que me había aquejado desde que tenía quince años. No fue una sanidad instantánea como la de la intolerancia a la lactosa; fue más bien un viaje de sanidad. Dios me dijo que dejara de pesarme y que guardara mi báscula. Me susurró: "Tú no eres lo que pesas".

Escribí más sobre esta historia en mi libro *You Are Not What You Weigh* (Tú no eres lo que pesas), pero quería compartir algo de ello también aquí contigo. Todo comenzó cuando llegué a casa de la escuela un día y mi papá me llamó desde su silla de cuero negro. Podía sentir que me estaba evaluando y que no le estaba gustando lo que veía. Entre caladas de su cigarrillo, me dijo que me diera la vuelta para poder verme por detrás.

"Lisa, ¡tienes un trasero enorme! ¿Cuánto pesas?", me preguntó mi papá.

Yo me encogí de hombros y respondí: "En el campamento el verano pasado pesé 55 kilos".

"Bueno, pues ya no estás de campamento. Ve a pesarte".

Él tenía razón. Pesé casi 64 kilos. A continuación fui diligentemente a reportar el peso a mi papá.

"¡Eso es demasiado!", contestó él, y después comenzó a explicarme que los muchachos no iban a pedir salir conmigo cuando lucía de ese modo. Mencionó que el año anterior estaba mucho mejor y me explicó que tenía que perder peso inmediatamente. Todo esto se quedó grabado en mí. Mi novio bajito y regordete de otra escuela acababa de romper conmigo.

Envuelta en bochorno y con otra capa de vergüenza, recorrí el oscuro pasillo hasta mi cuarto. ¿Por qué no me había dado cuenta de ello? Cuidadosamente cerré la puerta de mi cuarto, bajé la persiana, me quedé en ropa interior y me subí a la cama para poder ver mi cuerpo en el espejo de mi vestidor. Me quedé mirando fijamente el reflejo de mi cuerpo hasta el cuello, y por primera vez me di cuenta de que *odiaba* mi cuerpo.

Esa noche en la cena, no pedí repetir. Mi papá miraba cada bocado que daba y asintió con aprobación cuando aparté mi plato antes de terminármelo. Después de hacer mis deberes, me puse mi vieja indumentaria de deporte y mis zapatillas de correr. Afuera hacía muchísimo frío, pero corrí en la oscuridad. Mis pies hacían ruido al pisar el suelo cubierto de nieve, mientras las palabras de mi papá me perseguían: *¡Estás gorda! ¡No le vas a gustar a ningún chico!*

Yo sacudía mi cabeza para intentar liberarme de las imágenes de mí misma. Pero no podía quitármelas de la cabeza. Era totalmente repulsiva.

La nieve brillaba como diamantes en el suelo, y el aire gélido lo sentía como agujas que atravesaban mis pulmones, pero corrí hasta que me dolieron los costados y no pude continuar. Al día siguiente, apenas comí nada en el desayuno. En la escuela, reduje mi consumo normal en el almuerzo a la mitad y volví a reducirla en la cena. Comencé a leer los artículos en las revistas de moda de mi mamá. Mientras veía las imágenes de mujeres, me daba cuenta de que yo nunca podría ser tan alta ni tan delgada, y me parecía que ellas se burlaban de mí.

Comencé a perder peso. De repente, se fijaban en mí. Me hacían halagos. Coqueteaban conmigo. Mi papá volvió a estar orgulloso, y en algún lugar de mi mente hice una conexión errónea.

Cuando estoy delgada, soy digna de que me presten atención.

Cuando estoy delgada, estoy en control.

Cuando estoy delgada, tengo éxito.

Sí, está bien comer sano y hacer ejercicio.

Pero no estaba nutriendo mi cuerpo; lo estaba castigando.

No me gustaba mi cuerpo... lo odiaba.

Aprendí por las malas que la voz de un trastorno alimentario se disfraza de amiga que se preocupa o de entrenadora personal, pero la narrativa se convierte rápidamente en las acusaciones de una tirana terrible.

Cuando me hice cristiana, detuve el patrón de privarme en exceso y me recuperé dándome atracones, y los números de la báscula volvieron a subir.

Dios quería hacer una sanidad en mi vida, y el catalizador fue una catástrofe personal. Faltaban pocas semanas para mi boda, y había subido tanto de peso que no cabía en mi vestido de talla 10. Me abrumó la frustración conmigo misma y mi enojo con Dios (me había hecho cristiana, y ahora estaba gorda; como si le estuviera haciendo un favor a Dios, ¡o como si Él me estuviera forzando a comer pizzas enteras!). Incluso me daba cuenta de que esa línea de pensamiento era ridícula.

Yo era el problema.

Y después estaba el temor a mi papá.

¿Cómo se lo diría? Mi corazón empezó a acelerarse.

Dios interrumpió mi pánico y me pidió que rindiera mi peso y toda mi locura a Él. Tenía la aguda sensación de que Él estaba esperando a que yo lo invitara a esta área de mi vida. ¿No era mi peso un área carnal? ¿Por qué el Dios que creó el universo iba a molestarse en hablar a mi trastorno alimentario?

Cualquier cosa que mantenga cautivas a sus hijas es importante para nuestro Padre. Él me aseguró: "Yo soy quien te creó. Yo soy quien sabe lo que deberías pesar. Ninguna de estas dietas puede sanarte, y ninguna báscula puede medirte con precisión. Deja de pesarte. Deja de hacer dietas y entrégame esta área de tu vida. Tu peso es un ídolo en tu vida". Imágenes de un becerro de oro descritas en mi Biblia pasaban por mi mente.

Cualquier cosa que mantenga cautivas a sus hijas es importante para nuestro Padre.

"Cuando estás sola, comes. Cuando estás enojada, comes. Cuando estás aburrida, comes. Cuando estás deprimida, comes. Cuando estás feliz, comes". Él continuó: "No vienes a mí. No lees mi Palabra. Comes porque es más fácil. Arrepiéntete de darle y obtener tu fuerza de este ídolo. Yo soy tu fuerza".

Lo vi. Lo vi todo. Los años de tiempo y energías desperdiciadas se hicieron evidentes ante mí. Entre lágrimas, hice una oración de arrepentimiento y confesión. Renuncié a toda cosa vana que el Espíritu Santo trajo a mi memoria: *Lo rindo todo a ti. Yo no puedo hacerlo. Padre, muéstrame lo que debería pesar.*

Un número revoloteó por mi mente. Era un peso que nunca había tenido siendo adulta. Lo escribí en un trozo de papel, y lo metí en mi Biblia. Después oí al Espíritu de Dios dirigiéndome: "Es el momento de que ayunes".

Estaba confundida. ¿Acaso el ayuno no era una dieta para pasar hambre? Ya había intentado eso y había fallado.

Él continuó: "Lisa, una dieta cambia tu aspecto, pero un ayuno cambia tu manera de ver. Si quieres ser libre, necesitas cambiar la forma en que ves todo".

No se trataba de perder peso; se trataba de derribar los ídolos en mi vida y enfocarme en mi Padre celestial.

Llevé las básculas al ático, tiré los laxantes y diuréticos, y fui a la tienda y compré lo que necesitaría para un ayuno de tres días a base de jugos. Durante este tiempo de ayuno, escuché cuidadosamente a mi cuerpo, algo que era fácil ¡porque estaba gritando! Para escapar de sus insistentes gritos llené mi mente de música de adoración y escogí algunas espadas espirituales haciéndome eco de las palabras del apóstol Pablo:

> Sino que golpeo mi cuerpo, y lo pongo en servidumbre, no sea que, habiendo sido heraldo para otros, yo mismo venga a ser eliminado. (1 Corintios 9:27)

Durante demasiado tiempo había permitido que los antojos de mi cuerpo dominaran mi vida. Después de tres días comencé a comer de nuevo, orando para que el Espíritu Santo me enseñara cuándo estaba satisfecha. Tenía que romper el patrón de comer hasta estar hinchada o con dolor. Era una disciplina diaria. Daba largos paseos, observaba la naturaleza, hacía oraciones y escuchaba música de adoración. Pasaron las semanas, y sentía que mi cuerpo era cada día más fuerte. Pero seguía sin pesarme. La semana de mi boda estaba encima, y sentí que el miedo intentaba crecer dentro de mí. *¿Qué pasaría si empezaba a comer y no podía parar otra vez?*

Tan solo me mantuve en el camino, oraba por la comida y me mantenía en sintonía con mi cuerpo para saber cuándo estaba satisfecha. El día de mi boda me puse el vestido. De hecho, me quedaba un poco holgado. Mientras me iba de luna de miel, el Espíritu Santo me impulsó a pesarme. Subí al ático desde mi cuarto y bajé la báscula. Cerrando los ojos, me subí a la báscula. Cuando los abrí, la aguja se detuvo en el número exacto que había metido en mi Biblia. Estaba sanada.

Ya no tengo báscula no porque esté mal tenerla, es que no la necesito. Dios ha sido fiel en mantenerme fuerte y libre en vez de delgada y débil. La sanidad llegó cuando me arrepentí de la idolatría y acudí a mi Padre celestial para hallar vida.

Ambas sanidades fueron hace aproximadamente cuarenta años, ¡y estoy feliz de decir que como todo el queso que debería comer una buena italiana!

LA SANIDAD DE UN HIJO

Cuando se trataba de nuestros hijos, nosotros siempre orábamos, pero eso no quiere decir que no los llevábamos al médico o no les dábamos la nutrición adecuada.

Alec es el tercero de mis cuatro hijos. Imagino que esa es una de las razones por las que yo no prestaba más atención en ese entonces. Si hubiera sido el primogénito, es muy probable que lo hubiera observado antes. Pero no fue así. La otra razón de mi fallo épico como mamá podría ser que él siempre buscaba formas de escaparse de la tarea que tenía que hacer. Solo sacaba lo del "bulto en la boca" cuando era el momento de acostarse o cuando había tareas o deberes que hacer, y a menudo era una combinación de las tres cosas.

Alec estaba en tercer grado cuando lo llevé a su revisión anual con el dentista. Yo estaba hojeando despreocupadamente una revista en la sala de espera cuando el dentista me llamó para que entrara a la sala de revisión. El ambiente parecía de seriedad, y supuse que Alec tenía una caries. No era eso.

"Sra. Bevere, su hijo tiene un tumor grande creciendo debajo de la lengua".

El asombro se notó en mi rostro.

"Mamá, intenté decírtelo", me recordaba Alec.

"Enséñaselo", dijo el doctor.

Mi hijo levantó su lengua, y con la claridad de los focos de la consulta vi algo parecido a un champiñón. El tumor tenía el tamaño del dedo pulgar de un niño pequeño, y surgía de la base de la parte inferior de la lengua. Yo estaba horrorizada. ¿Cómo pude dejar que sucediera eso? El doctor debió reconocer el terror de una mamá. Me aseguró: "No es cancerígeno, pero estos tumores tienen un patrón de crecimiento muy agresivo. Si no se revisan, pueden poner en peligro su capacidad de hablar. Hay que extirparlo". La voz del doctor era seria. Se estaba asegurando de que esta vez no lo dejara pasar.

¡Por supuesto que sí! Yo quería que esa cosa saliera de la boca de mi hijo ¡de inmediato! Me preguntaba si lo quemarían con frío como una verruga. Imaginando que el doctor estaba esperando que le diera permiso, dije: "De acuerdo. Por favor, quíteselo".

"No puedo", me explicó el dentista.

Enseguida nos enviaron a un especialista. De la oficina del dentista llamaron y concertaron una cita para nosotros a finales de esa misma semana. Yo pensaba que no querían dejar este asunto en manos de una mamá tan descuidada. De camino a casa, Alec enseguida me recordó cuántas veces había intentado enseñarme su boca o hablarme de ello. Yo sentía náuseas.

Cuando llegamos a casa, Alec repitió la historia y se lo enseñó a todos sus hermanos. Ellos lo tocaron y, como solo los muchachos pueden hacer, celebraron su asquerosidad. John estaba de viaje, y yo estaba muy preocupada porque sentía como si un alienígena estuviera creciendo en la boca de mi hijo.

Al final de esa misma semana fuimos al especialista. Mientras examinaba la parte inferior de la lengua de Alec, expresó su preocupación de que la raíz del tumor podría ser más profunda de lo que parecía. Tocaba la boca de Alec, para sentir dónde terminaba su lengua y dónde comenzaba el tumor.

"Quizá pierda parte de su lengua", dijo el doctor. "No lo sabremos de cierto hasta que no estemos ahí".

"¿Afectará eso a su habla?", pregunté.

"Es difícil de saber".

Esta falta de claridad me molestaba.

El doctor se dirigió a Alec y empezó a explicarle que después de la cirugía solo podría comer helado y batidos de leche. A Alec se le iluminó la cara. Antes de salir de la consulta, programamos dos citas más: para la precirugía y para la operación.

En el automóvil, Alec estaba repasando lo sabores de helado que tenía que comprar *solo para él*.

John llegó a casa de su viaje, y Alec le enseñó el tumor. Yo había informado a John de todo lo ocurrido por teléfono, pero esta era la primera vez que él lo veía.

"Vaya, creo que deberíamos orar", dijo John. "No quiero que Alec pierda parte de su lengua".

Yo estaba de acuerdo, pero Alec no. Había helado de por medio.

"Te prometo que te compraré helado pase lo que pase", dije.

Esa noche, después de que los niños se acostaron, John llevó su Biblia al cuarto de Arden y Alec. Comenzó a leer del libro de Santiago.

> ¿Está alguno enfermo entre vosotros? Llame a los ancianos de la iglesia, y oren por él, ungiéndole con aceite en el nombre del Señor. Y la oración de fe salvará al enfermo, y el Señor lo levantará; y si hubiere cometido pecados, le serán perdonados. Confesaos vuestras ofensas unos a otros, y orad unos por otros, para que seáis sanados. La oración eficaz del justo puede mucho.
>
> (Santiago 5:14-16)

Pasó tiempo diciéndole a Alec el significado de estos versículos mientras su hermano pequeño, Arden, escuchaba en la litera de abajo. Cuando John tuvo claro que Alec había entendido lo que decía el libro de Santiago, dijo: "Alec, ¿sabías que yo soy anciano en la iglesia?".

Alec lo negó con la cabeza, indicando que no tenía ni idea.

John continuó: "Voy a estar en el pasillo. Si quieres que ore por ti, llámame".

Mientras John salía del cuarto, mi corazón de mamá comenzó a latir más deprisa. ¿Realmente John era un anciano? ¿Qué pasaría si Alec no era sanado? ¿No quedaría devastado? ¿Y si la cirugía oral era lo mejor para que se produjera su sanidad? Y, por supuesto, estaba lo del helado. Yo seguí a John hasta el pasillo e intenté susurrarle parte de mi preocupación, pero me indicó que no hablara. Estuvimos en silencio durante casi una eternidad, según me pareció. Después oímos: "¡Papi!". Alec estaba llamando.

John entró en el cuarto mientras yo lo seguía detrás en silencio como un Tomás dubitativo. Escuché mientras Alec confesaba sus pecados a su padre. Era algo muy bonito e inocente. Después John oró por Alec y le ungió con aceite. John le habló al tumor y le ordenó que se secara y desapareciera, informando que no tenía lugar en la boca de Alec. Yo estuve de acuerdo. Alec abrió su boca. Nada había cambiado. Lo acostamos y oramos para que tuviera un descanso reparador.

Yo esperaba que el tumor desapareciera durante la noche, pero cuando Alec se levantó a la mañana siguiente, aún estaba ahí. Él tenía buen ánimo cuando se fue a la escuela. Yo estaba triste al día siguiente cuando le dije que iría a buscarlo antes de tiempo para ir a su cita preoperatoria.

Al día siguiente, cuando fui a su clase para firmar que lo dejaran salir, la maestra me preguntó por qué iba al médico. Era obvio que Alec no estaba enfermo, y como era un estudiante con desafíos, no querían que se perdiera más clases de las necesarias.

"Tiene un tumor debajo de su lengua. Enséñaselo a la Sra. Lawson, Alec", le animé.

Él levantó la lengua, ¡pero el tumor había desaparecido por completo!

"¡Espera! ¡No está! ¡El tumor no está!", grité. Estaba ahí cuando salió de casa por la mañana.

Alec se revisó la boca. Efectivamente, no había ni rastro del tumor. "¿Seguiré teniendo helado?", preguntó Alec.

"Sí, ¡compraremos muchos helados!", respondí.

Sin embargo, Dios tenía más sanidades para Alec. Cuando Alec estaba en la preadolescencia, en vez de ser más profunda, su voz era cada vez más aguda y llegó a parecerse a la de Mickey

Mouse. Él siempre estaba ganseando, imitando voces, así que al principio pensamos que quizá se había desgarrado las cuerdas vocales, pero descansar la voz no parecía ayudarle en nada. Visitamos especialistas, le hicieron pruebas, pero no había solución. Seguimos protocolos naturales, y nada funcionaba. Llegamos al punto de quedarnos sin opciones.

Con el tiempo nos acostumbramos a su voz, pero me dolía en el corazón porque no le había pasado a nadie más. Cuando Alec hablaba, las personas giraban su cabeza sin creer lo que oían. Parecía que un personaje de dibujos animados estaba hablando por la boca de un adolescente. Los niños se burlaban de él. Una vez, en un elevador, uno de sus hermanos salió en su defensa de una forma poco apropiada. Y esta situación fue así durante años.

En medio de todo aquello seguíamos orando. Alec oraba, y nosotros orábamos por sanidad y sabiduría. Alec estaba ya en la secundaria.

Entonces, en 2007 toda nuestra familia fue con John a Australia para asistir a la conferencia de Hillsong en la que John tenía que hablar. La conferencia tuvo lugar durante el cuatro de julio, y Alec se apresuró a ir a la plataforma cuando preguntaron si había estadounidenses en la audiencia. Mientras lo entrevistaban, su voz aguda se escuchaba en todo el estadio de diez mil personas. Le pidieron que cantara "La bandera estrellada" en clave de Do. Oí protestar a Alec, y mi corazón se quedó congelado. Pero era realmente hacer playback. Estoy muy agradecida de que grabaran el momento y lo subieran a YouTube porque todo estaba a punto de cambiar.

La última noche de la conferencia, toda la congregación tomó la santa cena y oraron unos por otros. Probablemente no es ninguna sorpresa que conseguimos a todas las personas posibles para que oraran con Alec. Y de nuevo, así como ocurrió antes con el tumor, no ocurrió nada tampoco esta vez. Alec celebró sus dieciséis años mientras estábamos allí, y le dieron un pastel especial. A la mañana siguiente teníamos que empezar muy temprano, ya que todos teníamos que hacer las maletas y tomar un vuelo muy temprano de regreso a los Estados Unidos. Me preocupaba que los chicos se pudieran quedar dormidos, así que llamé a su habitación.

Una extraña voz me respondió al teléfono. Me disculpé y estaba a punto de colgar cuando oí: "¿Mamá?".

"Sí", respondí reticente, en parte porque no estaba completamente despierta y en parte porque sabía que yo era mamá, pero no *su* mamá.

"No cuelgues, mamá; soy Alec".

Su voz era profunda y parecía la de un locutor de radio o locutor deportivo. Oí en un segundo plano que sus hermanos adormilados se despertaban. Uno de ellos lo desafió: "Alec, deja de imitar voces".

Pero esa voz no era una imitación.

Lleno de gozo, corrió por el pasillo hasta nuestra habitación ¡en boxers! John y yo no dejábamos de agarrarlo y hacer que hablara. Su voz era fuerte, hermosa, masculina, y era la de Alec. Si alguna vez me viera tentada a dudar que Dios sana, lo único que tendría que hacer sería ir a la grabación de mi hijo hablando tres días antes. Como mamá de cuatro varones, sé que las voces de lo chicos no cambian por completo de la noche a la mañana, pero sí lo hacen cuando Dios los sana. Nunca supimos qué fue lo que había distorsionado y cambiado tanto su voz. Ya no importa porque fue sanado en el nombre que es sobre todo término médico, hongo o nódulo que se pudiera nombrar.

Mientras escribo estas palabras, Alec es un hombre adulto. Actúa, predica y hace pequeños cortos cinematográficos. Su voz no ha flaqueado, y el tumor de su lengua nunca regresó.

Cuando digo que Dios es un sanador, no estoy diciendo en modo alguno que no deberíamos acudir a los médicos. Yo doy gracias a Dios por los médicos, pero ¿no parece necio no consultar con Aquel que nos entretejió en el vientre de nuestra madre? Creemos que deberíamos orar y después ir a los médicos. Y por lo que respecta a la ciencia médica, todo el conocimiento que beneficia a la humanidad viene por la inspiración del Creador. Tenemos tanto médicos como al gran Médico.

¿Qué es más difícil de curar, un corazón roto o un hueso roto? El corazón. Es más fácil curar un hueso que reiniciar un corazón. Pero lo que es imposible para los humanos es posible para Dios. Solo Él es el sanador de corazones. Aquel que puede sanar nuestra alma y espíritu quebrados, seguro que puede tocar también nuestro cuerpo quebrado.

LA SANIDAD DE HIJAS

Trinity, una querida ahijada, compartió conmigo su sanidad, y me encanta cómo su historia muestra el deseo de Dios de sanar incluso nuestras enfermedades más vergonzosas. Con su permiso, comparto su testimonio contigo.

> En el otoño de 2007 asistí a una conferencia de mujeres en la ciudad de Nueva York donde Lisa hablaba y compartía de su libro *Fight Like a Girl* (Pelea como chica). Yo hice algunas declaraciones de sueños

en mi corazón ese día: tener un matrimonio saludable ¡y criar cinco hijos algún día! Un par de meses después, en medio de una etapa de soledad y aislamiento por ser mujer soltera, me di cuenta de que había contraído un herpes por un encuentro reciente en una cita. En ese momento de comprensión experimenté un pozo profundo y oscuro de vergüenza que nunca había experimentado. Mi pensamiento inmediato fue querer morirme. Los pensamientos sucesivos que dieron vueltas en mi mente eran que me lo merecía, que fue por mi mala decisión, y que esas eran consecuencias justas. Mis sueños de matrimonio y familia se perdieron en la oscuridad que me envolvía. Inmediatamente entré a darme una ducha fría para calmar el dolor físico insoportable que tenía, y mientras estaba allí de pie, escuché en mi espíritu esta callada y tranquila voz susurrando: "Quiero sanarte".

"Quiero sanarte".

Mis lágrimas calientes se mezclaron con el agua fría, y la gracia y misericordia que experimenté reavivaron la esperanza. Me aferré a esas palabras como si fueran mi cuerda salvavidas en los días siguientes, y cuando estaba sola en mi apartamento, seguí meditando en el Salmo 103 y leyendo *Fight Like a Girl*. Resulta que estaba en el capítulo 15 en ese momento, y me quedé helada al leer que el Espíritu Santo estaba impulsando a Lisa a compartir en su inminente conferencia su mensaje de sanidad específicamente relacionado con mujeres con enfermedades de transmisión sexual. Ahora bien, yo había sido una devoradora de libros y seguidora de Jesús desde que era una jovencita y nunca había oído estos dos temas mencionados juntos *jamás*. La gratitud me inundó no solo porque Lisa obedeciera y siguiera esa incómoda petición, sino también porque yo pudiera leer un testimonio de una mujer que luchó mensualmente con los síntomas del herpes por veintitrés años y que fue sanada después de esa conferencia.

Creí, sentí que Dios me miró y me escuchó, y las palabras más bonitas que podría haber oído con el poder para atravesar mi vergüenza fueron que Dios *deseaba* sanarme. Él estaba lleno de compasión y quería hacerlo. Yo oré las Escrituras para mi propia vida y creí lo que decía el Señor.

Me había mudado a Italia como niñera durante seis meses para descansar de la ciudad un tiempo, y un día común y corriente en la ducha, mientras seguía orando las Escrituras sobre mi vida, sentí un calor que recorría todo mi cuerpo, y una paz sobrenatural vino sobre mí. El temor desapareció, y supe en ese momento que fui sanada. Años después, no he vuelto a experimentar síntomas ni a necesitar ningún tratamiento o medicina en los embarazos ni al dar a luz. Llevo casada casi cuatro años con el hombre al que seguí esperando, tenemos un inquieto niño de ojos azules brillantes y aventureros, y estamos esperando a que llegue su hermana en cualquier momento. Esa fidelidad de Dios Padre, amistad de su Hijo Jesús, y guía consoladora del Espíritu Santo, continúan siguiéndome con señales y maravillas sin importar la tormenta en la que me encuentre.

Se me cayeron las lágrimas mientras leía la historia de Trinity de la sanidad de Dios. Ella es una más de una larga línea de hijas sanadas. Pero quizá tú aún no crees que puedes pedirle a Dios que te sane, que tú estás demasiado lejos de Él.

En el libro de Mateo, capítulo 15, encontramos el relato de una mujer que estaba desesperada por ver a su hija ser sanada y liberada. Era una extranjera que intentaba abrirse paso, y solo por esa razón me encanta esta historia.

> Y he aquí una mujer cananea que había salido de aquella región clamaba, diciéndole: ¡Señor, Hijo de David, ¡ten misericordia de mí! Mi hija es gravemente atormentada por un demonio. (v. 22)

Ella apareció, clamó, pidió misericordia, llamó Señor a Jesús y le pidió por su hija. ¿Y qué hizo Jesús? La ignoró totalmente.

> Pero Jesús no le respondió palabra. Entonces acercándose sus discípulos, le rogaron, diciendo: Despídela, pues da voces tras nosotros. (v. 23)

Cuando Jesús no le respondió, ella les rogó a sus discípulos. Esta mujer cananea era implacable. Los discípulos rogaron a Jesús que la despidiera. En lugar de eso, Él le explicó a la mujer por qué la había ignorado.

> Él respondiendo, dijo: No soy enviado sino a las ovejas perdidas de la casa de Israel. (v. 24)

Básicamente le dijo: no estoy aquí para ayudar a tu tribu y no eres parte de mi misión. Pero esta mamá no iba a aceptar un no por respuesta, porque no había llegado pidiendo por ella, sino por su hija.

> Entonces ella vino y se postró ante él, diciendo: ¡Señor, socórreme! (v. 25)

Ella reconoció su estado de desamparo mientras reconocía al Dios que sana. Jesús de nuevo le negó su petición.

> Respondiendo él, dijo: No está bien tomar el pan de los hijos, y echarlo a los perrillos. (v. 26)

¡Ay!

Pero en verdad, Jesús no estaba siendo cruel, sino siendo claro.

Él sabía que había sido enviado a la casa de Israel; por lo tanto, ella estaba fuera de su enfoque. Llegaría el tiempo en el que se abriría una puerta de par en par para los gentiles... perros. Ese tiempo no había llegado aún, pero de algún modo esta mujer, el centurión romano y la mujer samaritana supieron cómo insistir para atravesar esa barrera.

> Y ella dijo: Sí, Señor; pero aun los perrillos comen de las migajas que caen de la mesa de sus amos. (v. 27)

Incluso los perrillos comen de las migajas.

Ella estuvo de acuerdo con Él: *Lo entiendo, como mujer cananea, soy un perro.* Pero no permitió que ninguna posible ofensa le robara porque conocía una verdad más profunda. Sabía quién era Él.

> No somos sanadores;
> somos los que necesitamos sanidad.

Cuando sabemos quién es Él, quiénes seamos nosotros importa poco. No somos sanadores; somos los que necesitamos sanidad. Del mismo modo, cuando se trata de asuntos de fe y sanidad, no importa quiénes seamos, de dónde vengamos o incluso nuestra tribu religiosa. No podemos ganarlo con nuestras obras. Nuestro enfoque es el sanador, bendice, alma mía, al Señor, al que llamamos Señor. Lo vemos cuando ella le llama *"Señor, Hijo de David"* (v. 22). En su comentario, N. T. Wright explica que "ella se dirige a Jesús como 'hijo de David', el título mesiánico judío con el que los discípulos mismos empezaron gradualmente a asociarlo".[1]

Los extranjeros se vuelven bienvenidos cuando lo llaman Señor.

> Entonces respondiendo Jesús, dijo: Oh mujer, grande es tu fe; hágase contigo como quieres. Y su hija fue sanada desde aquella hora. (v. 28)

Casi puedo ver a Jesús sonreír y menear su cabeza en descrédito. Mujer, tú sabes quién soy. Soy Él, y aunque ahora no te sientas en mi mesa, has escogido sentarte a mis pies. Está hecho. Tu hija es sanada.

La sanidad se encuentra en las migas que caen de su mesa. La sanidad se produce en comunión con Jesús. Cuando llamamos a Jesús Maestro Bueno, invitamos sus enseñanzas. Cuando lo llamamos Buen Pastor, invitamos su dirección. Cuando lo llamamos Salvador, experimentamos salvación. Pero cuando llamamos Señor a Jesús, experimentamos todo lo que hay bajo el dominio de ese nombre.

Preciosa ahijada, no permitas que la decepción, la religión, la ofensa o la incredulidad te robe todo lo que Jesús dice que Él es. Lo que percibimos como oraciones no contestadas son realmente oraciones contestadas de otra manera. Seamos madrinas e hijas de Dios que prosiguen con valentía, incluso cuando sentimos que Jesús está callado. Pongámonos de rodillas ante Él y clamemos unas por otras, aunque sus bien intencionados discípulos estén pidiendo que nos despidan.

PARA ROMPER EL HIELO

¿Alguna vez has experimentado una sanidad?

Si no, ¿te cuesta creer que Dios sana cuando no responde a nuestra manera o en nuestro tiempo? Si necesitas sanidad, ¿qué te está impidiendo permitirle que te sane ahora?

¿Tendrías problema en orar por la sanidad de una amiga?

¿Qué te dicen particularmente las palabras del Salmo 103?

UNA ORACIÓN POR SANIDAD

Amado Padre celestial,

Vengo ante ti ahora en el nombre de Jesús. Confío en ti en cuanto a toda área quebrada, enferma y herida de mi vida. Tú eres el sanador supremo. Me sitúo para recibir todo lo que tengas para mí y descanso mi alma para que tú marques tanto el tiempo como la manera. En cuanto a mí, hablo a mi alma y le digo que se haga eco de las palabras de David en el Salmo 103 convertidas en una oración: Bendeciré al Señor, con toda mi alma, mi mente, mi voluntad y mis emociones. Redirijo todo lo que está herido y que me duele en mi interior para volverlo hacia el Santo, y bendigo su santo y gran nombre que engloba todo lo que es ¡y todo lo que yo pudiera necesitar! Príncipe de paz, proveedor, sanador y admirable consejero. Haré una pausa y recordaré intencionalmente todos sus beneficios (personaliza este momento), y le doy gracias porque no hay pecado ni iniquidad que esté fuera del alcance de su capacidad de perdonar. Solo tú eres el que sana todas mis enfermedades y achaques; solo tú me redimiste cuando mi vida era un pozo de destrucción olvidado y lastimoso. Tú me sacaste de ahí y me llamaste tu hija, después me coronaste de misericordia y firme amor. Tú diste satisfacción a todos mis anhelos más profundos con tu bondad y renovaste mi juventud para poder levantarme por encima de las decepciones de la vida y elevarme como un águila en esperanza, mientras vuelo por fe y en amor.

En el nombre de tu santo Hijo Jesús.

Amén

Cinco

Desentierra tu tesoro

La esperanza es esa cosa con alas
que se posa en el alma
y canta la melodía sin las palabras
y nunca se calla
—Emily Dickinson

Sí, querida ahijada, te desafío a aferrarte a esta esperanza. Porque la esperanza presta alas a tus sueños. La esperanza es una flecha enhebrada con la cuerda invisible del amor. No lo dudes; tensa el arco con toda tu fuerza. Dispara esperanza lo más lejos en tu futuro que te atrevas a imaginar. Aunque no verás dónde cae la flecha, su ubicación te arrastrará.

Canta a lo largo de tu camino, e invita a la esperanza que despierta tu canción a residir en tu corazón. Que su melodía te despierte en la mañana y te inunde en la noche. Comienza con lo que sabes, y usa lo que tienes, porque a la esperanza, y su hermana la fe, les encanta cuando pones las cosas en marcha.

Como madrina, me encantaría dejar al descubierto algunas mentiras que nos hacen enterrar nuestros talentos y dudar de que Dios nos valora. Quizá has escuchado ya alguna de ellas:

- ¿Por qué piensas que tu vida podría agradar a Dios?
- No se puede esperar de ti que sueñes. Eres demasiado egoísta.
- ¿No has metido la pata antes?
- ¿Cuántas veces te has equivocado?
- ¿No pensabas que a estas alturas ya estarías casada?

O quizá la voz es teológica:

- Dios ya no habla a sus hijos.
- Y aunque lo hiciera, ¿qué te hace pensar que tú podrías oír su voz?
- Dios no habla a través de mujeres.
- ¿Por qué iba a querer Dios hablarte?

En lugar de arriesgarse a tener esperanza, demasiadas personas confían mucho en estas mentiras y permiten que el enemigo lance una sombra sobre sus sueños... sin embargo, los sueños de ser piadosas nunca vienen de Satanás. El enemigo nos aleja de la esperanza haciendo que tenga que ver con nuestra capacidad. Sin darnos cuenta, nos hacemos eco de su estribillo creyéndonos esas mentiras. Nos sometemos a sus límites y nos resignamos a sus limitaciones. Después accedemos a sus límites:

Está bien, he fallado en el pasado... estoy destinada a fallar de nuevo. ¿En qué estaba yo pensando? He sido decepcionada y he decepcionado.

Insegura e incierta, envuelves tu sueño en harapos para que no se pueda reconocer. Algunas van incluso más allá; cavan un hoyo.

La tierra es el lugar donde enterramos las cosas muertas.

Es donde escondemos aquello que nos avergüenza.

Es donde ponemos las cosas que nos da miedo tocar.

Enterrar es diferente a plantar. No regamos lo que enterramos.

> Cuando entierras tu talento,
> te robas a ti misma.

Tristemente, la mayoría de nosotras no salimos a la luz de la luna y cavamos un hoyo. Encontramos un lugar más íntimo para esconder esos sueños e ideas. Los metemos en una oscura grieta de nuestro corazón. Al principio experimentamos una extraña sensación de alivio. Te aseguras a ti misma que bajo las circunstancias, y dado tu historial, has hecho todo lo posible. Lo que te entregaron estará seguramente escondido y será fácil de recuperar cuando sea necesario. Solo después te das cuenta de que cuando entierras tu talento, te robas a ti misma.

Inspeccionándolo más de cerca, este concepto de los sueños enterrados suena similar a una parábola escrita hace mucho tiempo para advertirnos. Para preparar a sus discípulos para su partida, Jesús contó historias que explicaban los caminos del reino.

> Porque el reino de los cielos es como un hombre que,
> yéndose lejos, llamó a sus siervos y les entregó sus

> bienes. A uno dio cinco talentos, y a otro dos, y a otro uno, a cada uno conforme a su capacidad; y luego se fue lejos. (Mateo 25:14-15)

Esto fue exactamente lo que iba a ocurrir. Jesús es el hombre que se fue lejos para preparar un lugar para sus discípulos. Siendo consciente de su partida, llama a sus siervos y les confía sus propiedades. Enseguida deberíamos ver que nosotros somos siervos a los que se nos confía algo en lugar de ser líderes con derechos. No hay nada que yo tenga que Dios no me haya dado. ¡Nada! Esto no es algo ministerial; este es un principio de discipulado. Como su sierva, vivo bajo el título de Él y no bajo el mío.

Conforme a sus capacidades, un siervo recibe cinco talentos, otro dos y el último uno. En los tiempos de esta parábola, un talento era una medida de peso que se aplicaba al oro y la plata. Esta parábola habla específicamente de dinero, pero creo que el principio tiene que ver más con la mayordomía y menos con el dinero. Por lo tanto, es un error limitar esta aplicación únicamente al uso del dinero. Al final, la capacidad y el talento son más importantes que el dinero. El dinero se puede robar o perder, pero lo que tú hagas con el tesoro que Dios sopló dentro de ti está totalmente en tu capacidad de administración. Con el tiempo, el concepto de un talento se ha ampliado hasta abarcar mucho más. Se puede referir a un don en la vida de alguien, como sus aptitudes atléticas, intelectuales o creativas. El talento, igualmente, puede significar dotes, genialidad y facultad. Cuando medites en esta parábola, no limites su aplicación al dinero; piensa en ella también en términos de capacidad y dones.

> El que había recibido las cinco mil fue en seguida y negoció con ellas y ganó otras cinco mil. Así mismo, el que recibió dos mil ganó otras dos mil.
>
> (Mateo 25:16-17, NVI)

Las palabras *en seguida* nos muestran que ambos siervos tuvieron una respuesta de acción inmediata. Fueron inspirados por la confianza que el señor tenía en ellos y actuaron sin dudarlo. Usando mis raíces italianas, citaré al antiguo filósofo romano Cato: "El que duda está perdido".

Cuando te quedas paralizada, el don del ímpetu se pierde. Es como plantar algo demasiado tarde en la temporada y perderse lo que optimizará su crecimiento. Cuando esto sucede, el tiempo ya no trabaja a tu favor, sino en tu contra. Estos siervos tomaron la iniciativa según sus capacidades. Creyeron en que alguien creyó en ellos. En otras palabras, nuestro Padre no nos daría talentos si fuéramos incapaces de multiplicarlos. Recuerda, Él no está intentando engañarnos; está intentando hacernos crecer. Estos dos dieron pasos de fe y duplicaron lo que su señor les había confiado.

> Nuestro Padre no nos daría talentos si fuéramos incapaces de multiplicarlos.

> Pero el que había recibido uno fue y cavó en la tierra, y escondió el dinero de su señor. (Mateo 25:18)

Los talentos ocultos no pueden aumentar, así como tampoco lo hacen las monedas enterradas. No menguan, pero cuando permanecen latentes su potencial disminuye con el paso de cada día. Puede que esto sea duro de oír, pero es la verdad. Nunca es correcto enterrar lo que no es nuestro.

> Después de mucho tiempo vino el señor de aquellos siervos, y arregló cuentas con ellos. (Mateo 25:19)

Si estamos en lo correcto al vernos como estos siervos en quienes habían confiado, entonces nuestro "mucho tiempo" tiene ya más de dos mil años. Esto significa que hemos tenido muchas oportunidades de ser negligentes o de nutrir nuestro talento. Creo que hay una necesidad urgente de que todos desenterremos cualquier talento que podamos haber enterrado por miedo y lo usemos en fe para su reino. La vida me ha enseñado que es difícil cambiar nuestras acciones a menos que primero cambiemos nuestra perspectiva. El señor invitó al primer siervo a darle cuentas.

> Y llegando el que había recibido cinco talentos, trajo otros cinco talentos, diciendo: Señor, cinco talentos me entregaste; aquí tienes, he ganado otros cinco talentos sobre ellos. Y su señor le dijo: Bien, buen siervo y fiel; sobre poco has sido fiel, sobre mucho te pondré; entra en el gozo de tu señor. (Mateo 25:20-21)

Después el segundo siervo, el que recibió los dos talentos:

> Se presentó el siervo que había recibido las dos bolsas de plata y dijo: "Amo, usted me dio dos bolsas de plata para invertir, y he ganado dos más". El amo dijo: "Bien hecho, mi buen siervo fiel. Has sido fiel en administrar esta pequeña cantidad, así que ahora te daré muchas más responsabilidades. ¡Ven a celebrar conmigo!".
> (Mateo 25:22-23, NTV)

Es inmediatamente obvio que bueno y fiel es igual a crecimiento. En el caso de estos siervos, el crecimiento se tradujo en multiplicación. Al avanzar simplemente en fe y diligencia, Dios multiplica nuestros esfuerzos con sabiduría, oportunidades y alianzas. Ambos siervos son administradores ejemplares.

La mayordomía es un principio del reino. El cielo no es una democracia, una república, un imperio, un régimen comunista, ni siquiera nacional socialismo. Es un reino gobernado por nuestro Padre, el Rey justo y sabio. Todos queremos oír a nuestro Rey decir: "Bien hecho". En ningún lugar de las Escrituras oímos "buenas intenciones", "bien planificado", o incluso "bien dicho", solo "bien hecho", lo cual indica que algo fue completado. Ambos siervos son ejemplos vivos de estas palabras de Jesús:

> El que es fiel en lo muy poco, también en lo más es fiel;
> y el que en lo muy poco es injusto, también en lo más es injusto. (Lucas 16:10)

¿Te preguntas cómo sería tu vida si tuvieras más? Yo lo hice. Mis conversaciones con Dios eran algo parecido a esto: "Algún día cuando tenga más, haré más". No me daba cuenta de que estaba poniendo excusas y posponiendo mi vida, lo cual es otra manera de enterrar talentos hasta ese *algún día*.

Pensaba: *Algún día cuando mi casa sea más grande, podré mantenerla recogida*. Error. No mires más allá de cómo estás administrando en la actualidad lo que tienes si quieres saber lo que harías si tuvieras más. Esto también se aplica a cómo administramos nuestras oportunidades de educación, relaciones, empleo, y nuestra participación en nuestra comunidad de fe. Recuerdo cuando dejé de trabajar para quedarme en casa con mis hijos. Pasar de tener dos sueldos a uno significaba que seguíamos diezmando, pero el concepto de las ofrendas se convirtió en algo ajeno. Un día, me di cuenta de que había enterrado lo que tenía. Desenterré dos poderosos talentos que podía usar: tiempo para invertir en mujeres más jóvenes y un armario lleno de ropa de trabajo que ya no necesitaba y que se multiplicaría en la vida de otra persona. De inmediato comencé a ponerlos en acción.

¿Estás agradecida por la casa en la que vives actualmente? ¿Cuidas de ella, o está enterrada en tu deseo de una casa más grande? Incluso mientras tecleo, veo áreas en las que tengo que mejorar mi mayordomía. Estoy en una nueva etapa en la que puedo multiplicar lo que tengo mediante la hospitalidad. Con todos mis hijos fuera de casa, voy a reunir a mujeres. Nuestro Padre observa cómo navegamos por nuestro *ahora,* entendiendo que presagia nuestra futura mayordomía del *más eterno.*

Finalmente llegamos al triste siervo que es el objeto de nuestra lección.

> Pero llegando también el que había recibido un talento, dijo: Señor, te conocía que eres hombre duro, que siegas donde no sembraste y recoges donde no esparciste; por lo cual tuve miedo, y fui y escondí tu talento en la tierra; aquí tienes lo que es tuyo.
>
> (Mateo 25:24-25)

Cuando no conocemos el corazón de nuestro Señor, enterramos en temor lo que deberíamos multiplicar en fe. No solo este siervo puso excusas, sino que también hizo acusaciones. Este siervo culpó a su señor. Llamó duro a nuestro señor bueno y generoso; ¡lo acusó de robar! "Que siegas donde no sembraste y recoges donde no esparciste" ¡se traduce como robar! ¡Qué mentalidad más corta! Es imposible que Aquel que lo posee todo, robe. Cualquier cosa que cualquiera de nosotros tenga es un préstamo que se nos ha hecho mientras nuestro señor está lejos.

> Cuando no conocemos el corazón de nuestro Señor, enterramos en temor lo que deberíamos multiplicar en fe.

> Respondiendo su señor, le dijo: Siervo malo y negligente, sabías que siego donde no sembré, y que recojo donde no esparcí. Por tanto, debías haber dado mi dinero a los banqueros, y al venir yo, hubiera recibido lo que es mío con los intereses. (Mateo 25:26-27)

Detente un instante. ¿Crees que nuestro Señor está preocupado seriamente por la devolución de su dinero? ¿Acaso tiene poco efectivo? ¡Claro que no! De hecho, entrega todo el aumento y la confianza a los siervos. Aquí hay una lección mucho mayor. Cómo manejamos el dinero refleja si se nos pueden confiar cosas de más peso. Si este siervo hubiera puesto el dinero en el banco, entonces alguien más hubiera pagado interés por usarlo. Después el señor dijo algo asombroso.

> Quitadle, pues, el talento, y dadlo al que tiene diez talentos. (Mateo 25:28)

¿Por qué? No lo necesita. ¿Por qué no dar el talento al siervo que tenía cuatro para que pudiera tener al menos cinco? ¿O juntar todos los talentos y dividirlos a partes iguales entre los otros dos siervos? Eso sería justo. Sí, pero lo que nos parece justo a nosotros no siempre lo es. El señor explicó su decisión de dar el talento al que tenía diez:

> Porque al ***que tiene***, le será dado, y tendrá más; y al ***que no tiene***, aun lo que tiene le será quitado.
>
> (Mateo 25:29)

¿A qué se refiere este "tiene" y "no tiene"? No se trata de dinero; se trata de fidelidad. La fidelidad en el reino de Dios nunca conlleva esconder, acumular o enterrar. La fidelidad multiplica para poder compartir. Este mandato comenzó en Génesis, cuando Dios les dijo a sus hijos e hijas que fueran fructíferos y se multiplicaran. Nunca dijo que fueran estériles y divisorios. ¿Cuál es el destino del siervo con un talento?

> Y al siervo inútil echadle en las tinieblas de afuera; allí será el lloro y el crujir de dientes. (Mateo 25:30)

¡Vaya! Ese es un día malo. Ahijada, esta es la buena noticia: hoy mismo podemos escoger un enfoque diferente.

DESENTIERRA

Mientras has estado leyendo estas palabras, ¿has sentido que podrías haber enterrado algo por temor, y que es tiempo de desempolvar y poner a trabajar? ¿Qué decepción fue la que te hizo olvidar que nuestro Padre es bueno? ¿Qué pérdida te hizo imaginar que Él era capaz de robarte? La vida es injusta, pero Dios es justo.

> Dios nos da dones para levantar a otros.

Dios mide nuestra fidelidad por lo que hacemos con lo que tenemos. Piensa en tu talento como un paquete de semillas. Los dos primeros siervos plantaron sus semillas, mientras que el tercer siervo ni siquiera abrió su paquete. Demasiadas ahijadas están mirando sus manos vacías y olvidando lo que se plantó en el terreno de su corazón. No te distraigas con lo que tus hermanas tienen y te olvides de multiplicar lo que tienes ya a tu cuidado.

> Pues si en las riquezas injustas no fuisteis fieles, ¿quién os confiará lo verdadero? Y si en lo ajeno no fuisteis

> fieles, ¿quién os dará lo que es vuestro?
>
> (Lucas 16:11-12)

Y ahí lo tienes. ¿Qué es lo verdadero? Usemos nuestros talentos para lo que más valora el cielo: las personas. Dios nos da dones para levantar a otros. Romanos 12:6-8 nos dice:

> De manera que, teniendo diferentes dones, según la gracia que nos es dada, si el de profecía, úsese conforme a la medida de la fe; o si de servicio, en servir; o el que enseña, en la enseñanza; el que exhorta, en la exhortación; el que reparte, con liberalidad; el que preside, con solicitud; el que hace misericordia, con alegría.

¡Los dones son para usarlos! ¿Cómo te sentirías si hubieras pasado mucho tiempo buscando un regalo que era perfecto para alguien y luego descubrieras que esa persona nunca lo abrió? O quizá lo abrió pero nunca lo usó. Entiendo que hay algunas que dirán que los dones de los que habla Romanos han terminado. Pero yo no lo creo ni por un segundo. ¿Ves algo en esta lista que parezca innecesario? Yo, al menos, no. *Necesitamos* que todos estos dones estén activos. Jesús tenía todos estos dones operativos, además de sanidad y milagros. Él da estos dones por separado para que cuando estemos juntos colectivamente como su cuerpo, sean evidentes. Algunas personas reciben el don de profecía. La verdadera profecía no es adivinación, es predecir en fe lo que parece que ocurrirá para que venga el reino de Dios y se haga su voluntad. Hay gracia para servir, así como gracia para enseñar y exhortar. Están quienes son especialmente agraciados para ser generosos con las finanzas, y todos somos llamados a ser hospitalarios. Hay líderes que tienen la gracia del celo y la visión para los ámbitos del gobierno y el comercio, así como para la plantación de iglesias. Y la alegría es una gracia especial para los que hacen obras de misericordia, porque a veces el dolor que ven puede ser desalentador. Cuando operamos en los dones que Dios nos ha dado, la vida se multiplica.

DEJA ATRÁS LAS EXCUSAS

No hace mucho tiempo subí un pequeño clip a las redes sociales con la esperanza de ayudar a las personas a dejar de estar atascadas. La mayoría de las personas fueron animadas, pero unas cuantas me hicieron recordar algunos de mis viejos temores.

¿Qué pasa si mis deseos no son los de Dios?

¿Y si son solamente carnales, deseos de mi carne?

Peor aún, ¿y si Satanás fue el autor de ese deseo?

> Cuando tenemos temor a tener éxito en algo erróneo, corremos el riesgo de no hacer nada.

Mi corazón se dolió de verdad cuando leí sus palabras. ¿Has lidiado con estos pensamientos? Yo sí. Quizá tú tienes preguntas diferentes, pero yo lidié con la duda en todos estos asuntos. Sabía que Dios era bueno, pero no confiaba en mí misma. Esto significaba que temía cualquier susurro que se pareciera demasiado a mí.

Cuando tenemos temor a tener éxito en algo erróneo, corremos el riesgo de no hacer nada. Sin darnos cuenta, enterramos nuestros talentos por temor a no usarlos bien. Este enterramiento no parecerá un funeral; parecerá más bien algo razonable. El proceso de pensamiento podría ser algo así: *Dios es justo y puro, y yo no. Yo soy un gusano. Debería estar contenta con no ir al infierno.*

Yo también tenía una plétora de excusas que emparejaba con mis temores a dar un paso en falso. Algunas, aunque no todas, están escritas a continuación:

Soy mujer.

Tengo hijos.

No tengo formación bíblica académica.

No tengo conexiones.

No tengo influencia.

Solo tengo un ojo.

Tengo un pasado horrible.

Provengo de una familia inestable.

Al acercarme más al amor de Dios y a comprender que Él es bueno, descubrí que estas excusas simplemente enmascaraban la lista de temores más profundos mencionados arriba que amenazaban con ahogarme en sus "qué ocurrirá si...". ¿Qué ocurrirá si mis deseos no son los deseos de Dios? Bueno, ¿y qué ocurrirá si sí lo son? ¿Qué ocurrirá si son solo deseos míos carnales? Bueno, ¿y si no lo son? A fin de cuentas, no se puede confiar en mi corazón. ¿Y si sí se puede confiar?

Abramos la discusión en torno a este asunto. Sí, antes de que nacieras de nuevo no se podía y no se debía confiar en tu corazón. El profeta Jeremías describió el corazón humano no regenerado de esta forma:

> Engañoso es el corazón más que todas las cosas, y perverso; ¿quién lo conocerá? (Jeremías 17:9)

Observemos que este versículo es una pregunta que solicita una respuesta. Si no podemos entender o sanar el corazón, ¿hay alguien que pueda hacerlo? Creo que sí. Encontramos nuestra respuesta en el versículo siguiente:

> Yo Jehová, que escudriño la mente, que pruebo el corazón, para dar a cada uno según su camino, según el fruto de sus obras. (Jeremías 17:10)

En otras palabras, nuestro Dios, a quien no podemos pasar por alto, que no se pierde nada y que cubre tus espaldas, tenía un plan para remediar nuestro desesperanzador dilema del corazón engañoso. Estos son problemas muy *grandes* que exigían una respuesta *radicalmente* grande.

La primera respuesta fue Jesús. Él fue y es la solución única y final. Antes de la obra redentora de Cristo, no había esperanza. Nuestro corazón torcido y oscuro estaba fuera del alcance de toda habilidad humana para sanarlo. No podíamos arreglar el caos en el que se había convertido nuestro corazón. Si hubiéramos podido, Dios nos habría dejado hacerlo, pero no podíamos. Sin Cristo, somos un caos sin esperanza alguna. Es imposible ser como Cristo sin Cristo. Antes de convertirnos en ahijadas éramos hijas de la muerte que habían perdido su camino, y no se podía confiar en nuestro engañoso corazón de piedra para que nos guiara a casa, así como no se puede confiar en una brújula rota. El pecado se asoció con toda forma de religión creada por el hombre para avergonzarnos, incluso cuando corrompió nuestros sentidos y robó nuestra inocencia.

Nuestra condición imposible exigía un remedio imposible… necesitábamos un corazón y un espíritu nuevos. Para que se produjera este intercambio, alguien totalmente inocente tendría que morir por un pueblo que ya no era digno de vivir. No una, sino dos veces en el libro de Ezequiel se profetiza que el Mesías remediaría nuestro dilema imposible. Leemos:

> Os daré corazón nuevo, y pondré espíritu nuevo dentro de vosotros; y quitaré de vuestra carne el corazón de piedra, y os daré un corazón de carne. (Ezequiel 36:26)

Cuando nacemos de nuevo, recibimos el regalo de un corazón y un espíritu nuevos. Pero Él no nos da cualquier espíritu; Él nos da su Espíritu Santo. El siguiente versículo dice:

> Y pondré dentro de vosotros mi Espíritu, y haré que andéis en mis estatutos, y guardéis mis preceptos, y los pongáis por obra. (Ezequiel 36:27)

Este nuevo corazón y el Espíritu Santo de Dios lo cambian todo. Puedes confiar en el Espíritu de Dios. El Espíritu te hará caminar en los estatutos de Dios y seguir sus mandatos. Dios nos hizo un trasplante de corazón cuando nacimos de nuevo.

Mi corazón nuevo ya no quiere lo que quería mi viejo corazón. Y lo mismo te sucede a ti. Una vida transformada fluye de corazones transformados.

Ahijada, escúchame:

Querer una familia no es poco piadoso.

Querer ser amada no es mundano.

Querer tener propósito es un deseo dado por Dios.

Querer ser capaz de proveer para tu familia y ser una bendición para otros es piadoso.

Esto no significa que no habrá momentos de confusión y áreas de decepción. Un buen ejemplo: no todo el que quiere casarse se casa, y no todo el que se casa es feliz. La buena noticia en todo esto es que no debemos tener miedo. En vez de retirarnos, temerosas de Dios o de nosotras mismas, nuestro Padre nos invita a acercarnos:

> Acerquémonos con ***corazón sincero, en plena certidumbre de fe, purificados los corazones de mala conciencia,*** y lavados los cuerpos con agua pura. Mantengamos firme, sin fluctuar, la profesión de nuestra esperanza, porque fiel es el que prometió.
>
> (Hebreos 2: 22-23, énfasis añadido)

El corazón vacío engañoso se ha vuelto verdadero y está lleno de fe. Dios cumple su promesa. Quizá es diferente a como te habías imaginado, pero estará en consonancia con su Palabra. Quien lo ha prometido es fiel. He caminado por esta tierra durante seis décadas, y te prometo que aunque no puedes volver atrás, cualquier cosa perdida puede ser redimida.

No te estoy pidiendo que confíes en ti misma; confía en Aquel que te dirige.

Sé fiel. Ser fiel no siempre significa ser muy visible. Algunas de las personas más fieles son las que imaginamos como invisibles. En este periodo yo tengo un micrófono y una plataforma, pero soy muy consciente de que estoy rodeada de personas que han sido más fieles en cosas invisibles. Recuerdo estar en Moscú, en una conferencia para mujeres, y no pude evitar observar a una mujer mucho mayor entre la multitud. Tenía el cabello blanco, y su rostro era radiante. Después de la reunión le pedí a mi intérprete si podía hablar con la mujer mayor. Fue entonces cuando supe que yo estaba andando por caminos pavimentados por sus oraciones, por las hijas de su nación. ¿Qué es más difícil, andar por el camino o crearlo? Quizá yo fui la que hablaba, pero ella era quien tenía la cosecha.

Como Dios es fiel, Él corrige mi rumbo cuando me desvío del camino. Lo he visto sobrepasar los deseos de mi cabeza para darme los deseos de mi corazón. Los corazones tienen hambre de santidad y transformación, mientras que las cabezas se conforman con la afirmación y el logro. Confía en tu corazón y no en tu cabeza. Amada, ya no eres una hija de la muerte; eres hija de Dios de la vida y de la luz. Todos estamos invitados a adoptar la mentalidad de Pablo:

> No dependo de mi propia fuerza para lograr esto; sin embargo, tengo un enfoque que me empuja: olvido todo el pasado mientras afianzo mi corazón para el futuro. Corro directamente por la invitación divina de alcanzar la meta celestial y obtener el premio de la victoria mediante la unción de Jesús.
>
> (Filipenses 3:13-14, TPT, traducción libre)

Nuestro pasado nos da una gran cantidad de razones para dudar de nosotras mismas, pero tu pasado no tiene el poder de negar la mano de Dios sobre tu futuro. Cada día llega con nuevas decisiones. Cometer errores en el pasado no significa que los seguirás cometiendo en el futuro. Aprende de ellos, pero nunca permitas que los errores de ayer paralicen tu presente. Si enterraste tu talento, es el momento de desenterrarlo. Dios te dará semillas de deseos.

> Tu pasado no tiene el poder de negar la mano de Dios sobre tu futuro.

Tu don podría ser algo que nadie en tu familia ha hecho; pero no tienes que trabajar con lo que solo tú puedes proveer, trabaja con lo que solo Dios puede proveer.

Tu tiempo es un regalo, y tú tienes un don. Y "cada uno según el don que ha recibido, minístrelo a los otros, como buenos administradores de la multiforme gracia de Dios" (1 Pedro 4:10). En otras palabras, *se nos ha dado un don para levantar.*

Todas y cada una de nosotras tenemos un don. No es solo para los líderes. Como madre, tienes un don para educar a tus hijos. Como esposa, tienes un don para amar y servir a tu esposo. En tus amistades, tienes un don para servir a tus amistades. En tu comunidad, tienes un don para servir en tu comunidad.

Estos dones son su capacitación santa que reside en tu interior, porque estás en Él.

Ahijada, Dios conoce los planes que tiene para ti. Son planes para hacerte bien y no mal. Confía en que Él no te ha preparado para fallar. Puedes desenterrar ese talento y avanzar hacia delante en este conocimiento.

La meta de este capítulo no es identificar tu don. Esa es una tarea que está únicamente a tu alcance, porque solo tú tienes el derecho de escoger hacerlo. Diré esto: puedes hacer un análisis en el Internet y determinar parte de tu don, pero los dones raras veces se descubren en un vacío. Los dones no se revelan mediante el estudio; se deben desenvolver. Estos dones nacen al hacer. Los dones se revelan a medida que trabajamos y servimos.

PARA ROMPER EL HIELO

¿Hay algún talento enterrado bajo un montón de excusas?

¿Qué tiene que suceder para que lo desentierres?

¿Te ha dado miedo confiar en el consejo de tu nuevo corazón?

Seis

Escribe tu camino de avance

Pues a veces he creído hasta seis cosas imposibles
antes de desayunar.
—Lewis Carroll

Al mirar atrás me doy cuenta de que toda mi vida es una colección de cosas imposibles, y un día te darás cuenta de que la tuya también lo es. Ver a Dios hacer lo imposible con nuestro posible y convertir nuestro trivial en su maravilloso es lo que hace que esta vida de fe sea emocionante. Desarrollando el hábito de escribir tu camino de avance serás capaz de reconocer la escritura de Dios por el camino. Las palabras se convierten en postes indicadores a medida que avanzamos, y en recordatorios de su fidelidad cuando hacemos una pausa para mirar atrás. Creo que escribir es una clave esencial para avanzar. Si sientes un momento de pánico al imaginarte que estoy sugiriendo que escribas un libro, respira hondo. No es eso. Quiero explorar otro tipo de escritura porque he llegado a reconocer que esta práctica no ha sido nada menos que catalizadora.

Te dije que dejé el primer empleo que tuve después de que John y yo nos casamos, y me despidieron de los dos primeros empleos que tuve después de la universidad. Tenía unos veinte años y, aparte de socorrista y camarera, toda mi experiencia laboral fue mala. Me sentía un fracaso. Ni siquiera había completado mi título universitario. Comencé a preguntarme si estaba destinada a fallar en todo lo que intentara o si nunca terminaría nada de lo que empezara. John, por el contrario, era ingeniero, y yo era su nueva esposa temporalmente desempleada. No tenía ni idea de lo que quería hacer, y mucho menos de lo que estaba calificada para hacer. Decidí aprovechar lo único de lo que tenía mucho... *tiempo*.

> La disciplina de escribir algo es el primer paso para hacer que ocurra. —Lee Iacocca[1]

Estaba en la zona de la nada, y definitivamente necesitaba que ocurriera algo. Era deprimente estar sentada en casa todo el día en nuestro apartamento en una ciudad donde solo conocía a unas cuantas personas... y que resultaba que todas estaban en sus trabajos. Una mañana, después de que John se fue al trabajo, tomé un papel y algunos lápices de colores y salí al porche para disfrutar del sol de Texas. Decidí descubrir lo que podría ser capaz de hacer escribiendo lo que me gustaba hacer o soñaba hacer algún día.

Tuve un buen inicio con las actividades: buceo, viajar, hacer surf, paracaidismo. Todas las ideas en la categoría de juego o aventura llegaban rápidamente y fácilmente. Fue la siguiente capa la que costó un poco más. Me sentía estancada, así que oré y le pedí al Espíritu Santo que me guiara, elevando mis pensamientos según su voluntad para mi vida, mientras me hacía eco de la oración de David en el Salmo 19:14:

> Sean gratos los dichos de mi boca y la meditación de mi corazón delante de ti,
> Oh Jehová, roca mía, y redentor mío.

Solo quería escribir lo que Él me susurrara. Acallé mi alma y escuché las palabras que llegaban a mi corazón. Aquí hay algunas de mis cosas imposibles: maquilladora, un trabajo que implique viajar, madre, productora de televisión, estudiante de la Biblia, ministrar en algún nivel, y escritora...

Cada una llegó con su propio argumento.

¿Maquilladora? ¿Por qué iba a querer alguien que tú le maquilles cuando apenas sabes maquillarte tú misma? ¿Se te ha olvidado que tienes un solo ojo? ¿No te das cuenta de lo rara y fea que eres? Mi lapicero se paralizó según se aceleraba mi mente entre las imágenes de cada mala foto que había tomado. Incluso mis fotos de boda eran un desastre. Cerré los ojos y recordé que una maquilladora se enfoca en la belleza de otros en lugar de la suya propia. Lo escribí.

¿Un trabajo que implique viajar? ¿Dónde irías? ¿Y por qué iba a pagarte alguien para que viajaras? No tenía una respuesta para ninguna de esas preguntas. Lo único que sabía era que quería un trabajo que implicara viajar. Lo escribí.

¿Madre? ¿Qué te hace pensar que podrías ser madre? Apenas tienes una relación contigo misma. Si tienes una hija... no sabrás qué hacer. Cierto. Pero siempre puedo pedir ayuda. Cuando tuviera hijos, simplemente observaría y aprendería de otras mamás. Después, cuando supiera cómo hacerlo mejor, sería capaz de hacerlo mejor. Y quizá no tendría una hija; quizá tendría solo hijos. Lo escribí.

¿Productora de televisión? No tienes ninguna experiencia en televisión. No estás preparada en modo alguno para ello. Bueno, aprenderé. Lo escribí.

¿Estudiante de la Biblia? Nunca fuiste una buena estudiante. Tus patrones de pensamiento son demasiado aleatorios. Quizá hay otras personas como yo que necesitan un poco de perspectiva. Lo escribí.

¿Ministrar? ¿Con tu pasado? Solo se te permite hablar a mujeres, ¡y ni siquiera te gustan! Pero esto no se trataba de mí. Lo escribí.

¿Escritora? Aborreces escribir trabajos. Sí, pero me encanta leer. Lo escribí.

A lo largo del proceso de escribir la lista oí también otros argumentos:

"Nadie en tu familia ha hecho jamás ninguna de estas cosas".

"¿Qué pensarán de ti?".

"¿Quién te crees que eres?".

"La gente se va a reír de esta lista".

"No tienes las conexiones para hacer nada de esto".

"No tienes dinero, educación formal, ni experiencia".

"Fracasas en todo lo que intentas".

"Eres demasiado joven".

"Eres estúpida".

"Eres perezosa".

"Eres fea".

"Tienes defectos".

No tenía ni idea de cuán engranados estaban estos límites hasta que los confronté. Frases de duda y acusación parecían minar cada palabra que escribía y cada sueño que me atrevía a capturar. Querida ahijada, he descubierto que la importancia de una idea, sueño o esperanza se puede medir por la oposición que experimentas cuando te atreves a abrazarlo. ¿Por qué si no habría tanta resistencia a redactar una simple lista?

> La importancia de una idea, sueño o esperanza se puede medir por la oposición que experimentas cuando te atreves a abrazarlo.

En muchos aspectos, mi lista era un acto de desafío. Estaba quitándole terreno al enemigo de mi alma a medida que mi corazón se abría un poco más con cada palabra que aparecía sobre el papel. La esperanza dio sustancia a mi fe, y los sueños que se habían frustrado hacía mucho tiempo eran reclamados. Hay personas maravillosas en mi familia, pero no podía permitir que sus historias dictaran o limitaran la mía. John y yo estábamos escribiendo un nuevo capítulo. En ese momento sentí un cambio, aunque nada había cambiado.

Al seguir escribiendo, las ideas eran cada vez más específicas. No pasó mucho tiempo hasta que tuve una lista de casi treinta puntos. Cuando John llegó a casa, estaba emocionada y a la vez sorprendentemente tímida en cuanto a compartir con él mi lista. Él me animaba incluso aunque algunos puntos le sorprendieron. Hizo sugerencias, y añadí cosas; nos reímos, soñamos y oramos por la lista; y por primera vez en mucho tiempo, me sentí esperanzada.

Siento que es importante que te advierta: protege tus sueños cuando estén en forma de semilla. Sé sabia y ten cuidado con a quién se los cuentas. Algunos sueños es mejor meditarlos en tu corazón. Cuando el sueño esté vivo con fuerza, entonces puedes compartirlo más abiertamente.

Casi de inmediato, las cosas comenzaron a ocurrir. La lista se convirtió en el filtro que me ayudaba a minimizar las distracciones. Ahora tenía algo que nunca antes había tenido... enfoque.

Lo primero que sucedió fue una llamada de teléfono. Una organización estaba a punto de lanzar una red de televisión, y necesitaban una maquilladora. Preguntaron si sería algo en lo que podría estar interesada. Antes de poder responder, me dijeron que me pagarían el entrenamiento y me contratarían como servicio externo independiente.

¡Enseguida dije que sí!

Aún no tenía un empleo de jornada completa y hacía trabajillos sueltos en un centro comercial de Dallas: uno era modelaje en el salón de té para Saks Fifth Avenue; el otro era reponer en una tienda. Una vez, cuando John iba caminando conmigo hacia una tienda específica, dijo: "Creo que deberías solicitar un puesto en el departamento de maquillaje".

Estaba horrorizada. Tenía miedo de las mujeres que estaban detrás de esos mostradores de cosméticos. No podía contar las veces que había acudido a comprar un artículo y me había ido con mucho más de lo que necesitaba o quería.

"Esas mujeres me comerán viva", susurré. "Y además, no tengo experiencia en la venta al por menor; nunca me contratarían".

Pero la semilla había sido plantada, y cada vez que pasaba por esa tienda oía la voz de John sugiriéndome que pidiera ese puesto. Así que un día lo hice. Me sorprendió que me llamaron para la entrevista.

La directora del departamento me preguntó: "¿Y por qué debería contratarla? Usted no tiene experiencia en la venta al por menor".

Yo quería decir: "¡Exactamente!". Pero en su lugar, respondí: "Como estoy recibiendo entrenamiento para ser maquilladora, en realidad podría ayudar a las mujeres. Sus vendedoras no lo hacen. Vine buscando una sombra de ojos y me fui con una crema de ojos que ni siquiera quería, la cual devolví después y evité a la empleada".

¡Un momento! ¿Insulté a su equipo? Pude ver que la dejé de piedra.

"He querido formar un equipo más accesible", me dijo ella. Después repasó algunos hipotéticos casos de ventas conmigo, y terminamos. Le agradecí la oportunidad de la entrevista y me fui a casa. Ahora esa molesta voz en mi cabeza se acabaría.

Ella me llamó a la semana siguiente y me dijo que el trabajo era mío si lo quería. Yo estaba anonadada. No lo había querido, pero me lo estaban ofreciendo. Si quería avanzar en el terreno del maquillaje, trabajar en cosmética ciertamente me ayudaría. Acepté el puesto y comencé de inmediato.

Las chicas eran lo que yo me temía, y más.

Agaché la cabeza y trabajé con todos los clientes que ellas pensaban que no eran dignos de su atención. No pasó mucho tiempo hasta que la representante de ventas de la línea de cosméticos con la que trabajaba llegó y me llevó a almorzar. En menos de seis meses, me entrevistaron para un puesto de coordinadora de representación y me pusieron a cargo de dieciséis tiendas. Un año después me convertí en representante de promociones y me dieron el territorio de ocho estados. Dos años después tenía un trabajo de jornada completa como maquilladora y asistente de producción para una red de televisión, justo cuando descubrí que estaba embarazada de nuestro primer hijo.

> Las palabras, ya sean escritas o habladas, tienen el poder de iluminar nuestro camino.

No quiero que suene como si lo único que hice fue chasquear los dedos y todo sucedió por arte de magia. Tuve que trabajar mucho, viajar, y dormir poco en cada uno de esos puestos. Lo que te estoy diciendo es que las palabras crean caminos. El salmista declaró: "Lámpara es a mis pies tu palabra, y lumbrera a mi camino" (Salmos 119:105).

La Palabra de Dios ilumina el camino de nuestros pies para que podamos ver nuestro sendero. Su Palabra no es el camino, es la lámpara que ilumina el camino. Las palabras, ya sean escritas o habladas, tienen el poder de iluminar nuestro camino, aunque creo que la palabra escrita tiene una autoridad mayor que la hablada. Una de las muchas razones por las que siento esto es que las palabras escritas son más permanentes. Los contratos no se finalizan cuando se dicen las palabras; se convierten en definitivos cuando los documentos se redactan y se firman.

Otra razón por la que las palabras escritas son importantes es que son más fáciles de encontrar y más difíciles de olvidar que las palabras que simplemente decimos. Si yo solo hubiera dicho mi lista, dudo seriamente que hubiera recordado todo esa noche que John llegó a casa. Me gusta escuchar audiolibros cuando voy conduciendo, pero me encanta subrayar y señalar páginas y citas que no quiero olvidar en los libros impresos.

Las palabras tienen el poder de enmarcar nuestro mundo. Todo lo que conocemos como la vida comenzó con palabras. Es imposible encontrar algo que no tenga una palabra o nombre adjunto a ello.

Tú, querida ahijada, eres parte de una familia grande y hermosa, y tu historia es parte de la nuestra. Quiero escribir con un sentimiento de maravilla en vez de temor. Dios es demasiado bueno, amable y misericordioso para representarlo como alguien duro. Esta vida es solo vapor, un fino velo que oscurece nuestra vida real, la cual comienza en el ámbito de la eternidad. Cada una de las historias de nuestra vida sigue patrones conocidos como arcos.

EL ARCO DE TU HISTORIA

Antes de explorar el arco de tu historia, definamos la idea de un arco. Merriam-Webster define un arco como "el camino claro que describe un cuerpo celestial (como el sol) por debajo y por encima del horizonte".[2] A la luz de esta definición, cada día es un arco. El cielo oscurecido brilla con tono rosáceo para anunciar el ascenso del sol, después el brillo va en aumento cada minuto hasta que el cénit del sol llena el cielo. Cuando el día declina, el sol desciende hacia el oeste, donde desaparece en un resplandor coral, dejando detrás un cielo de color carbón. El salmista y rey David describe este baile del cielo en el Salmo 19:

> Qué hogar celestial ha establecido Dios para el sol,
> ¡Brillando en la cúpula del cielo!
> Mira cómo deja su cámara celestial cada mañana,

Radiante como un novio listo para su boda,
Como un campeón dispuesto a correr su carrera.
Se levanta en un horizonte, terminando su circuito en el otro,
Calentando vidas y tierras con su calor.
(vv. 5-6, TPT, traducción libre)

Me encanta la descripción de David. Es una invitación a maravillarnos. Al levantar nuestros ojos al cielo, vemos un destello de la bondad del Creador. David comenzó el Salmo 19 con:

El esplendor de Dios es un cuento que se narra;
Su testamento está escrito en las estrellas.
El espacio mismo cuenta su historia cada día
A través de las maravillas de los cielos.
Su verdad está de gira por la cúpula estrellada del cielo,
Mostrando su habilidad en la artesanía de la creación.
Cada día brota a borbotones su mensaje para el siguiente,
Noche tras noche susurrando su conocimiento a todos.
(vv. 1-2, TPT, traducción libre)

Tú, amada ahijada, eres parte de esta danza de esplendor. Fuiste creada para alzar tus ojos a los cielos en vez de bajarlos a una pantalla como una bestia uncida a un yugo o llevando una carga muy pesada. Antes de escribir una palabra, invita a que el asombro de Dios te inunde. Él habla con voz más alta en el silencio y en lo incomprensible.

Sus palabras no se oyen,
Sus voces no se graban.

> Pero su silencio llena la tierra:
> La verdad no dicha se declara en todo lugar.
> Dios hace una cúpula enorme
> Para el sol; ¡una súper cúpula!
> (Salmos 19:3-4, MSG, traducción libre)

Sin una sola palabra, sin un sonido, la verdad queda enmarcada en lo maravilloso. Te desafío a aceptar la expansión. Cuando caiga la noche, deja a un lado el teléfono y sal a la oscuridad. Respira hondo y deja que tu corazón vuele hasta las estrellas.

Hubo un tiempo en el que sabíamos que debíamos mirar a las estrellas para conectar con nuestro Creador. Los sabios de Oriente descubrieron el nacimiento del Mesías escrito en las estrellas. Nuestro Padre celestial usó las estrellas para inspirar a nuestro padre de la fe, Abraham.

> Entonces el Señor llevó a Abram afuera y le dijo: —Mira al cielo y, si puedes, cuenta las estrellas. ¡Esa es la cantidad de descendientes que tendrás!
> (Génesis 15:5, NTV)

A veces el Señor nos llama a salir para agrandar algo que tiene que expandir en nuestro interior. Los arcos celestiales llevan las imágenes de historias, órbitas y vidas a cerrar el círculo.

Mientras que la tierra gira a mil seiscientos kilómetros por hora, nos despertamos, trabajamos, amamos, luchamos, reímos, lloramos, comemos, dormimos y después nos despertamos para poder hacerlo todo de nuevo. A medida que el sol comienza su arco por el cielo, nos hace recordar que cada día comienza otra historia, que es poderosa y me lleva a otra definición de arco: "una descarga luminosa de electricidad sostenida por una brecha en un circuito o entre electrodos".[3]

Tú has visto este tipo de arco antes. Ayer vi una muestra bastante asustadiza de estos arcos en forma de relámpagos. De niña, yo misma creaba arcos arrastrando los pies cubiertos con calcetines por una alfombra oscura en el pasillo, formando iones eléctricos mientras lo hacía. Cuando tocaba el pomo de la puerta de mi cuarto, aparecía una chispa y la descarga me asombraba. Me parecía algo mágico. Y sin embargo, un arco es algo más que una chispa; es un puente de electricidad sostenido que conecta dos objetos anteriormente separados con una cantidad enorme de poder. Hay poder cuando los huecos se conectan, así como hay una pérdida de poder cuando se desconectan.

Y ahora llegamos a la definición de un arco de la historia. Aquí, el término se usa para describir el fluir o el patrón emocional de una historia. El *Atlantic* tenía un artículo fascinante: "Los seis arcos principales al contar cuentos, identificados por una I.A. [Inteligencia artificial]". Investigadores de la Universidad de Vermont y la Universidad de Adelaide introdujeron cerca de dos mil historias en computadoras, y los arcos emocionales de las historias resultantes encajaban en seis categorías principales:

1. De la pobreza a la riqueza (ascenso)
2. De la riqueza a la pobreza (caída)
3. Hombre en un pozo (caída, después ascenso)
4. Ícaro (ascenso, después caída)
5. Cenicienta (ascenso, después caída, después ascenso)
6. Edipo (caída, después ascenso, después caída)[4]

¿Cuál de estos patrones representa dónde está tu vida ahora mismo? Sea cual sea, la buena noticia es que en Cristo terminamos con un ascenso, aunque no sea obvio en esta tierra. Siempre.

Somos creados para vivir de las cosas que Dios ha escrito en nuestro corazón. ¿Qué se escribió ahí? Amor, verdad, redención, esperanza, fe, legado y vida. Nuestra vida es una colección de muchas pequeñas historias que se juntan para formar un arco de historia masivo expresado a través de nuestra vida individual y colectiva.

MIL PALABRAS

La expectativa de promedio de vida de una mujer es de ochenta años. Para hacer fáciles las matemáticas, muchos libros tienen ochenta mil palabras. Por razones de la ilustración, permíteme hacer como si el número de años (ochenta) y el número de palabras (ochenta mil) representaran la historia de tu vida; cada año de tu vida se podría asemejar a escribir mil palabras, lo cual significa que cada día podría dar una media de tres palabras al día. Algunos días quizá exigen más palabras para describirlos y otros días se podrían dejar completamente en blanco. Muchas veces he tenido que borrar palabras que había escrito el día anterior y reemplazarlas por mejores descripciones. Por ejemplo, palabras duras y desagradables se podrían tachar, y palabras como "lo siento", "perdóname" o "te amo" ocuparían su lugar.

Hoy escojo la palabra *reflexiva,* y estoy planeando poner palabras extra en mi mañana.

Ayer, mis palabras fueron *cansada, triste* y *agradecida.*

Cansada porque me estuve recuperando de un viaje internacional.

Triste porque en el transcurso de unas horas oí de dos suicidios y una muerte accidental trágica.

Agradecida porque pude regalar algunos muebles que nuestra familia había usado y amar a una pareja joven que recientemente se ha mudado aquí desde Ucrania. Mientras los veía cargar los muebles en su vehículo y alejarse, estaba agradecida porque estoy en una etapa en la que puedo dar en lugar de solo recibir. Quizá estás cansada de oír sobre la importancia de la gratitud, pero las palabras de agradecimiento tienen el poder de llenar un corazón vacío.

A medida que el sol se pone en tu día, ¿qué palabra te gustaría ver sobre el amanecer de tu mañana? En lugar de escribir lo que ha sido, escribamos lo que podría ser. Escribamos palabras de esperanza. Nunca es demasiado tarde para escribir un nuevo final a nuestra historia.

Nuestro día puede parecernos muy distinto al que pensábamos que sería cuando el sol se levantó por el este. Algunos días se pueden describir con una palabra. Si un día ha sido particularmente difícil o cansado, es mejor susurrar la palabra *hecho* al meterte en la cama, más que agradecida porque el arco de ese día se haya terminado. Cuando mis hijos eran pequeños y mi esposo pasaba más tiempo fuera que en casa, mi palabra para la mayoría de los días era *borrosidad*. Cada día agotador mutaba y sangraba en el siguiente. Recuerdo ruido, lágrimas, risa, coladas, besos, líos, deberes, comidas, peleas y abrazos. Al mirar atrás me refiero a ese tiempo loco y caótico como la *bendita borrosidad*. Ahora veo las bonitas curvas que me perdí en la tensión del agotamiento y los momentos tan cargados.

Miro por la ventana y veo que el cielo de Colorado está pintado de gris pastel cuando se pone el sol. Cuando cierre mi computadora portátil esta noche, descansaré y, si Dios quiere, entraré en un nuevo día recorriendo la misma trayectoria y añadiendo más palabras a la historia.

¿Qué escribiremos?

Comencemos enmarcando nuestros días con estas palabras de David:

> Entonces dije: He aquí, vengo;
> En el rollo del libro está escrito de mí;
> El hacer tu voluntad, Dios mío, me ha agradado,
> Y tu ley está en medio de mi corazón.
>
> (Salmos 40:7-8)

Hoy conocí a una mujer que había leído la historia que yo había escrito sobre perdonar a mi padre. Aplicó el principio de lo que yo le dije a él, a una etapa muy difícil con su esposo. Me encanta que mi historia de redención se convirtió en parte de la sanidad de su matrimonio. Del mismo modo, creo que hay cosas en tu historia que son parte de la historia mayor que Dios está escribiendo.

En lugar de enfocarnos en lo que se ha perdido, escribamos lo que está esperando que lo encontremos.

En lugar de enfocarnos en lo que se ha perdido, escribamos lo que está esperando que lo encontremos.

En lugar de anotar heridas, escribamos lo que sana.

Antes de escribir lo que anhelamos, escribamos aquello por lo que estamos agradecidas.

Cerremos algunas brechas y escribamos nuestro camino de avance.

PARA ROMPER EL HIELO

Escribe al menos una cosa que puedas hacer, soñar o dar, que te haga avanzar.

Escribe una cosa por la que estés agradecida.

Fija un tiempo cada día para dejar tu teléfono y salir afuera. Observa el amanecer, mira el atardecer o cuenta las estrellas. Escucha las palabras dichas en el silencio y escríbelas.

Siete

El enfoque es tu superpoder

No me importa cuánto poder, brillo o energía tengas, si no lo aprovechas y lo enfocas en una diana concreta y lo mantienes ahí, nunca lograrás tanto como te permitiría tu capacidad.
—Zig Ziglar

El enfoque multiplica todas las capacidades que la vida nos otorga. Si las hadas madrinas fueran reales, te dirían que las varitas mágicas solo sirven para enfocar la energía. Mantén esta imagen y sáltate la varita, porque lo único que necesitas es el enfoque correcto.

> Mantén tus ojos en Jesús, que comenzó y terminó esta carrera en la que estamos ahora. Estudia cómo lo hizo. Como nunca perdió de vista hacia dónde se dirigía, ese estimulante final en y con Dios, pudo aguantar

> cualquier cosa durante el camino: la cruz, la vergüenza, todo. Y ahora está ahí, en el lugar de honor, justo al lado de Dios. (Hebreos 12:2, MSG, traducción libre)

El enfoque dirige o redirige nuestra energía y dones hacia una meta. Nuestra meta es la transformación. En un mundo que grita: "¡Sé como nosotros!", nos enfocamos en Él. Nos convertimos en aquello que contemplamos, y el lugar donde miramos es hacia donde vamos. Es difícil parecerse más a Jesús si dedicamos más tiempo y prestamos más atención a personas e imágenes en cualquier forma de red social. Es extremadamente peligroso, e incluso me atrevería a decir que es una forma de idolatría, si nuestra meta es tocar para una audiencia anónima (redes sociales) en detrimento de descuidar la audiencia de uno. Llegar a ser como Jesús es tanto nuestro comienzo como nuestro final; ningún me gusta, compra, descarga, seguidor o visualización. Si esa meta ha sido desplazada, entonces es el momento de dejar de lado algunas otras cosas. Terminamos en Dios y con Dios. Es reconfortante saber que Aquel que abrió un camino es el mismo que está con nosotros todo el camino. No sucede siempre así con la gente. La vida transcurre, hay pérdidas, épocas de cambio, cambio de relaciones, popularidad, ascensos y caídas. Solo hay una constante. Otra versión de este versículo dice que Jesús es el "autor y consumador de la fe" (Hebreos 12:2, RVR-60). A diferencia de algunos de nosotros, Jesús siempre termina lo que inicia. El reinicio nos permite renovarnos. El enfoque nos ayuda a alinear nuestra vida con lo que es verdaderamente importante.

> No os conforméis a este siglo, sino transformaos por medio de la renovación de vuestro entendimiento, para que comprobéis cuál sea la buena voluntad de Dios, agradable y perfecta. (Romanos 12:2)

La renovación de la mente requiere enfoque. Mi mente tiene tendencia a divagar. Mi esposo me acusa de irme por las ramas y desviarme del tema en nuestras discusiones. Sé quién es mi enfoque, pero la habilidad de enfocarme es un reto para mí. En una mañana cualquiera, quizá necesitamos un café para hacer que el enfoque sea una realidad. Para mí la lucha es muy real, así que en este capítulo quiero abordar tanto formas de afilar nuestro enfoque como lo que significa enfocarnos en Jesús. Como mamá experta en varones, que ahora es madre de cuatro hombres, quiero revivir un cuadro que capta algo de lo que es para mí la esencia del enfoque.

EL HOMBRE DE ACERO

¿Qué mamá podría saber más sobre enfocar superpoderes que la mamá de Superman? En la película *El hombre de acero*, los superpoderes de Clark se despiertan, y lo paraliza cobrar conciencia, en un momento, de demasiadas cosas demasiado rápido. Cuando esto sucede, está en clase y no puede responder a la sencilla pregunta que le ha hecho el maestro. Aunque conoce la respuesta, no puede expresarla porque todas las interferencias lo han paralizado. De repente, ya no ve solo a las personas; ve a través de ellas, y los sonidos más pequeños se magnifican hasta niveles insoportables. Totalmente abrumado, Clark sale corriendo de la clase y se esconde en la sala del conserje. Lo siguen sus compañeros de clase y su maestro, quien golpea la puerta, demandando que abra. Clark se niega. Se queda escondido en la sala, con la cabeza agachada y tapándose los oídos, los ojos totalmente cerrados, hasta que llega su mamá. Ella pregunta: "¿Cómo puedo ayudarte si no me dejas entrar?".

Con lágrimas en los ojos, Clark responde: "¡El mundo es demasiado grande, mamá!".

"Entonces hazlo más pequeño", susurra ella. "Tan solo enfócate en mi voz".

Funciona, y el hijo asustado y destinado a ser Supermán, sale de la sala y entra en el abrazo de su madre.

La primera vez que vi esta escena, lloré.

Si estuviéramos cara a cara, te acercaría a mí porque los abrazos tienen una forma de hacer que nuestro mundo sea más pequeño. En ese momento nos sentimos seguros, rodeados y aceptados. Después te miraría a los ojos y diría: "Ahijada, si tu mundo es demasiado grande, encontremos algunas maneras de hacerlo más pequeño".

Es tan sencillo como enfocarte en la voz de Dios.

No necesitamos visión de rayos X o audición superagudizada para darnos cuenta de que vivimos en un mundo infestado de sobrecarga sensorial. Esta dinámica puede abrumar a los mejores seres humanos y hacer que se nos olviden las respuestas que ya sabemos. La incapacidad para lidiar con todo lo que nos sale al encuentro no es un defecto; es una protección. Todos necesitamos la pausa y el descanso; es la razón por la que Dios creó el día de reposo.

> No hay mayor honor que recibir una invitación para sentarnos con nuestro Príncipe.

Recuerdo que, con el cumpleaños de cada uno de mis hijos, veía que quería retirarme de todo y de todos los que apartaban mi atención de ellos. Necesitábamos cercanía. Aquel que había llevado en mi seno ahora estaba, de forma maravillosa y extraña, fuera de mí. Conectar requiere una atención uno a uno, enfocada. Es difícil establecer vínculos en un entorno de interrupciones constantes.

Hay épocas en las que he sentido que Jesús me acercaba a una postura de soledad. Me apartaba de todas las voces para que yo estuviera más en sintonía con su voz. No hay mayor honor que recibir una invitación para sentarnos con nuestro Príncipe.

Tú, querida, tienes todo el derecho a escoger cuántas personas, ideas y demandas permites que entren en tu vida. Si ya has dejado entrar demasiadas y descubres que tu capacidad de enfocarte se ha visto afectada, entonces tienes todo el permiso de retirarte y eliminar algunas cosas de tu vida.

Mientras investigaba en el Internet buscando consejos útiles para aumentar el enfoque, uno de ellos aconsejaba usar literalmente tus manos como persianas. Puedes hacerlo ahuecando tus manos a ambos lados de tus ojos, eliminando así la visión periférica y centrando tu enfoque. Tu punto de observación visual pasa de visión de perspectiva amplia a telefoto. Tu cerebro razona que si algo no se puede ver, entonces no requiere tu atención. Lo probé, y funciona. Los laterales de mi desorganizado escritorio desaparecieron, y lo único que veía era lo que tenía justo delante de mí. Es como recortar una imagen para destacar lo que quieres que se vea.

¿Cómo captas la atención de un niño? Pones tus manos a ambos lados de su cara y lo invitas a mirarte a ti. Preciosa hija del Altísimo, quiero que te imagines a tu Padre celestial poniendo sus manos ahuecadas alrededor de tu rostro e invitándote a mirarlo a Él. Se nos invita a acercarnos para que todo lo demás pueda desvanecerse. Tenemos esta promesa:

> ***Acerquen su corazón más y más a Dios***, y él se acercará incluso más a ustedes. Pero asegúrense de limpiar sus

> vidas, pecadores, y mantener puro su corazón y dejar de dudar. (Santiago 4:8, TPT, traducción libre)

Sé que este versículo es, a la vez, una invitación y un correctivo, y no pasa nada. Su presencia limpia lo que la vida ensucia de forma tan rápida. Es una invitación a dejar de coquetear con las cosas que antes nos manchaban y a lavar nuestras manos de lo que nos avergonzaba. Ahora que tenemos un corazón nuevo, queremos mantenerlo puro:

> ***Apartamos la mirada*** de lo natural y ***fijamos nuestra mirada en Jesús***, quien hizo nacer en nosotros la fe y quien nos dirige hacia delante hasta la perfección de la fe. Su ejemplo es este: como su corazón estaba enfocado en el gozo de saber que seríamos suyos, soportó la agonía de la cruz y venció su humillación, y ahora se sienta exaltado a la diestra del trono de Dios. (Hebreos 12:2, TPT traducción libre, énfasis añadido)

Tú fuiste su enfoque, y la visión que tenía delante le dio la fuerza para soportar el sufrimiento de la cruz. Tú fuiste su esperanza; ahora Él es la nuestra. Jesús primero descansó para poder enfocarse. Observemos su ritmo.

> A la mañana siguiente, Jesús se levantó antes del amanecer, salió de su casa mientras aún estaba oscuro, y se dirigió a un lugar apartado para orar. Después, Simón y sus amigos lo buscaron, y cuando finalmente lo encontraron, dijeron: "Todos te buscan; ¡quieren estar contigo!" (Marcos 1:35-37, TPT, traducción libre)

A fin de prepararse para un día completo, Jesús se retiraba. Encogía su mundo para pasar tiempo con el Padre. Antes de ir con la gente, se dedicaba a la oración. Antes de escuchar muchas voces, escuchaba la voz de Uno. Era en estos tiempos donde recibía la sabiduría para saber lo que estaba haciendo su Padre.

La oración crea una conexión íntima entre el cielo y la tierra. Los lugares secretos nos ayudan a recuperar nuestro enfoque. Este lugar más pequeño nos cobija de los ojos fisgones y de las voces elevadas. Es nuestra sala en la que los compañeros de clase están susurrando en el pasillo. Cosas grandes pueden ocurrir con pequeños ajustes. Por ejemplo, no enciendas todas las luces de tu casa apenas te levantes. Limita lo que ves y lo que haces a lo mínimo. Pausa. Medita. No aprietes el botón de encendido de tu teléfono, iPad o computadora. Apaga todo lo que compite por tu atención. Después, escoge con cuidado lo que quieres recuperar.

Mi esposo John sale a caminar. Yo me siento con una Biblia y un diario con música de adoración. Es un lugar o espacio en el tiempo en el que no estamos pensando en lo que tenemos que hacer después. Nuestras redes sociales no están en nuestra mente. La puerta está cerrada a todas las demandas, y cerramos nuestros oídos a todos los comentarios degradantes, incluso los que nosotros mismos nos decimos.

Cuando adoptas esta postura de soledad, el Espíritu Santo puede poner un versículo en tu mente, las palabras de una canción, o una idea quizá llegue a tu mente, y tienes el tono, la dirección y las ideas que necesitas para el día. Esto es importante porque las investigaciones han descubierto que...

> Una mirada a un email te puede robar 15 minutos de enfoque. Una llamada de teléfono, un tweet, un mensaje instantáneo puede destruir tu horario, forzándote a aplazar reuniones o cancelar cosas realmente importantes, como el amor y la amistad. —Jacqueline Leo[1]

Si así de perturbador puede llegar a ser un email, cuánto tiempo –y posiblemente energía emocional– te roba revisar todo tu Instagram o leer todos tus mensajes no solo de tu capacidad para enfocarte, sino también para crear y construir.

SIN ENFOQUE DURANTE DÍAS

Cuando mis hijos eran pequeños, eran días ocupados, llenos de actividad y a la vez casi completamente vacíos de logros mensurables. En ciertas épocas de la vida esto es normal, pero mi época se trasformó en un estilo de vida de caos.

Cada noche me iba a la cama agotada y decepcionada, y cada mañana los fallos de mi día anterior me pesaban mucho. Hacía listas y me prometía que al día siguiente sería distinto... pero no lo era. El patrón de una locura desenfocada continuaba sin ser revisado. Cada noche, John llegaba a casa para encontrar un hogar hecho un caos, una esposa que era un caos, y una cocina caótica porque la cena no estaba lista. Más de una vez me preguntó: "Lisa, ¿qué hiciste en todo el día?".

Frustrada, respondía: "No lo sé, ¡pero he estado ocupada!".

Ocupada era una respuesta honesta. *Enfocada* hubiera sido una mentira. Cada hora del día me sorprendía yendo en otra dirección. No estaba viendo televisión ni durmiendo. Las redes sociales ni siquiera existían en ese entonces. Y, sin embargo, estaba tan ocupada que darme un baño era un gran logro, y maquillarme era la meta de mi vida.

La principal fuente de mi distracción era el hecho de que John era pastor de jóvenes (haciendo que yo también lo fuera de forma no oficial ni remunerada), y nuestro número de teléfono aparecía en el boletín. John trabajaba fuera de la iglesia, y no tenía una línea directa. El teléfono de nuestra casa comenzaba a sonar temprano en la mañana, y mi vida iba de una llamada de teléfono a otra. Pensaba que era piadoso y cristiano permitir que cualquiera interrumpiera mi vida. Me imaginaba que mis acciones eran santas y desinteresadas, pero resultó que no eran ni una cosa ni la otra. Eran descuidadas. Está mal permitir que los de fuera de tu casa controlen lo que ocurre dentro de ella. Mirando atrás, no creo que yo fuera tan útil como creía. Nunca estaba plenamente presente ni para los que me llamaban ni para mis hijos. Vivía de una manera frenética, en el medio de ambos.

Decir sí a muchas cosas buenas se traduce en decir no a las más importantes. Actualmente estoy en el último mes de escribir, y he tenido un aluvión de peticiones de última hora para proyectos bonitos. Cada uno de ellos es algo que me gustaría hacer. Doy rodeos porque aborrezco decepcionar a la gente, lo cual significa que aborrezco decir no. Me daba cuenta de que decir sí a cualquiera de esas cosas sería similar a decir no a terminar mi libro. Esto sería igual a decir no a mi editorial con la cual tengo un contrato firmado. También significaría decir no a mi esposo, mi familia, mi equipo y mis amigos.

Para corregir este desequilibrio, tengo a alguien que conoce mis debilidades y deseos y que actúa como portera. Ella edita las distracciones para que yo pueda enfocarme. Quizá tú no tienes una ayudante. No pasa nada; puedes crear una.

Haz una lista y permite que tu lista actúe como portera. Escribir cosas ayuda a descargar tu cerebro. Una lista te obliga a enfocarte y delinear entre lo que es primario y lo que es secundario. Como dijo una vez Albert Einstein: "El papel es para escribir cosas que tenemos que recordar. Nuestro cerebro se utiliza para pensar".[2]

Tecléalo en tu teléfono o computadora; solo escríbelo en algún lugar. Captar pensamientos despeja tu cerebro, y si eres como yo, sentirás una gran sensación de alivio después de haber anotado las cosas que están por ahí dando vueltas. Eso se debe a que tu mente ahora está libre para procesar tus ideas. De esta manera, la energía de tu cerebro está dirigida hacia construir ideas en lugar de guardar datos.

Había ocasiones en las que aceptaba la distracción porque tenía miedo a enfocarme o sentir algo en el momento. La evasión no hace que desaparezca el problema. Veo que las cosas que evito terminar o confrontar solo se avecinan con más fuerza hasta que se tratan. Si estoy postergando cosas, me pregunto: "¿Por qué estoy evitando a esta persona, este proyecto o conversación?". "¿De qué tengo miedo?".

La respuesta puede ser que no tengo lo que necesito para empezar. O podría ser que tengo miedo a empezar porque no creo que tenga lo necesario para terminar. O quizá me he comprometido demasiado, y eso me ha paralizado. Tal vez necesito ayuda y me da miedo pedirla. Quizá accedí a hacer algo que no era realista con mi horario. O quizá tengo miedo de las consecuencias.

La distracción es una estrategia salvajemente exitosa de nuestro enemigo, así que la usa mucho. La distracción es su truco; es su cebo y su varita. Como un mago o ilusionista, quiere que mires hacia otro lado para que te pierdas lo que está haciendo entre bambalinas. Porque en cuanto comiences a saber qué hacer... el enemigo hará todo lo que pueda para desviarte. Las hijas desenfocadas realmente nunca son una amenaza, pero una vez que sabes lo que quieres, te tomarán en serio.

La comparación es otra forma de distracción que nos roba. Es algo tan enorme que hace unos años escribí un libro sobre ello titulado *Sin rival*. La comparación produce confusión y roba a las personas su propósito porque están tan ocupadas mirando quiénes no son, que se olvidan de quiénes son. Pero en este momento exploremos un ejemplo más alegre.

Imagínate que finalmente te has escapado una noche con tu esposo. Tras una cena tranquila, se van al cine, y en el trascurso de la historia de amor en la pantalla, el actor esposo besa a su actriz esposa. De repente, la voz de la comparación plantea una pregunta:

¿Cuándo fue la última vez que tu esposo te besó así?

El hombre que está sentado a tu lado está ajeno. Tú comienzas a sentirte molesta.

Él ya nunca te besa así.

Entraste a ver la película feliz, y sales enojada. ¿Por qué? Porque comparaste a tu esposo con un hombre falso. Ahora tienes una decisión que tomar: puedes retirarte y volverte crítica y tener una mala noche. O puedes tomar a ese hombre y besarlo como desearías que él te besara ¡y tener una buena noche! Si tu enfoque es tener un buen matrimonio, comparar a tu esposo con Thor, Iron Man o el Capitán América no te llevará hasta ahí.

> La comparación es más fácil de apartar cuando nos damos cuenta de que servimos a un Dios incomparable.

La comparación te llevará por el camino del compromiso y la competición. Créeme que no te conviene ir por ese camino. Ambos destinos son distracciones.

La comparación es más fácil de apartar cuando nos damos cuenta de que servimos a un Dios incomparable. Solo tenemos un objetivo, un Instructor, y una vida con la que glorificarlo. Mientras sigo a Jesús, descubro en quién me estoy convirtiendo.

Recientemente, una joven me dijo que le resultaba difícil terminar de leer libros, pero había podido darse un maratón de programas de televisión. Mientras hablábamos, se dio cuenta de que no se debía a falta de tiempo ni atención por su parte. Era falta de sabiduría cuando se trataba de las cosas en las que escogía enfocarse. Se nos advierte:

> Amigos, esta es la segunda vez que les escribo, recordándoles en ambas cartas que mantengan su mente en un estado de atención sin distracciones.
>
> (2 Pedro 3:1, MSG, traducción libre)

¿Oyes la urgencia? Pedro está diciendo: "¡Escuchen todos! ¡Es el tiempo de enfocarse! Las cosas se van a volver confusas". La buena noticia es que ¡tenemos el poder de escoger! Yo estoy a cargo de mantener la atención de mi mente, igual que estoy a cargo de las cosas que escojo para enfocar mi mente.

Los buenos libros exigen buenos editores. Si quieres que la historia de tu vida tenga propósito y sentido, permite que la sabiduría haga de editora. La sabiduría te ayudará a eliminar las cosas que te distraen y desvían de lo que Dios quiere hacer en tu vida y a través de ella.

Estas son solo unas cuantas de las cosas verdaderamente valiosas de la vida que exigen atención: esposos, hijos, descanso, y una comunidad real.

Habiendo dicho esto, distracciones e interrupciones no son siempre lo mismo. Las distracciones te alejan de tu propósito; las interrupciones pueden potencialmente guiarte a él. De acuerdo, lo siento si acabo de crear confusión. Permíteme intentar diferenciar una cosa de la otra.

La otra noche invité a cenar a toda nuestra familia. Estaba ocupada en la cocina cuando mi nieto más pequeño me invitó a jugar con él en el hueco de las escaleras. Todavía puedo ver su sonrisa y oír su dulce voz: "¡Juega conmigo, abuela!".

Quería detener la cena y sentarme con August. Lo que hice fue unirme a él en el hueco debajo de las escaleras; nos sentamos uno enfrente del otro y jugamos al LEGO en ese huequecito. Me involucré con él todo lo que pude. Fue un rato corto pero memorable. Mientras cerraba mis ojos esa noche, fueron esos momentos de mirarlo a sus ojos verdes lo que refrescó mi alma.

DECIR NO A UNA HERMANA

Hay veces en las que decir sí a Jesús significa decir no a algunas hermanas. Creo que conoces esta historia de María y Marta, que se encuentra en Lucas 10.

> Aconteció que, yendo de camino, entró en una aldea; y una mujer llamada Marta le recibió en su casa. Esta tenía una hermana que se llamaba María, la cual, sentándose a los pies de Jesús, oía su palabra. (vv. 38-39)

Marta tuvo la idea correcta. Dio la bienvenida a Jesús en su casa, pero fue María la que hizo de Él su enfoque. Antes de avanzar más, promete que no vamos a centrarnos en Marta y lo que no hizo. Vamos a mirar su interacción con ojos nuevos.

> Pero Marta se preocupaba con muchos quehaceres, y acercándose, dijo: Señor, ¿no te da cuidado que mi

hermana me deje servir sola? Dile, pues, que me ayude. (v. 40)

Su frustración es entendible, y servir no está mal, pero Marta se perdió un momento cuando se enfocó en lo incorrecto. ¿Con qué se distrajo? *Muchos quehaceres*. A Marta no le importaba hacer su parte, pero lo que sí le importaba era hacer la parte de María también. Si María hubiera ayudado a Marta con su carga de quehaceres, Marta no se habría estresado tanto. Ella contaba con la ayuda de María cuando invitó a Jesús a su casa.

En su libro *Surprised by Scripture* (Sorprendido por las Escrituras), N. T. Wright ofrece algunas ideas interesantes: "María estaba sentada a los pies de Jesús *en la parte de la casa dedicada a los hombres* en lugar de quedarse en los cuartos traseros con las otras mujeres". Continúa diciendo que, al hacer eso, "María había traspasado una de las convenciones sociales más básicas".[3]

Incluso en la actualidad, en muchas culturas del Medio Oriente, este tipo de conducta no es común, pero durante el primer siglo habría sido impensable. Las mujeres no podían ser parte de las conversaciones de los hombres. Y cuando Marta señala el error de su hermana, Jesús respalda la conducta radical de María.

Me encanta cómo describe la versión *The Passion* la respuesta de Jesús:

> El Señor le respondió: "Marta, mi querida Marta. ¿Por qué estás tan enojada y preocupada, apartada por todas estas distracciones? ¿Realmente son tan importantes? María ha descubierto lo único que es realmente importante al decidir sentarse a mis pies. Ella no está

distraída, y no apartaré de ella este privilegio".

(vv. 41-42, traducción libre)

El tiempo sin distracciones que pasamos con Jesús es un privilegio. La parte de María fue mejor que la comida en la que Marta trabajaba. Servir es algo bueno a menos que nos aparte de la presencia de lo más importante. Pero, espera. ¿Quieres oír algo casi demasiado bonito para expresarlo con palabras? La Traducción *The Passion* es del arameo, y en arameo el nombre Marta significa *dama*. Así que no es desviarse mucho si traducimos este versículo así:

> Servir es algo bueno a menos que nos aparte de la presencia de lo más importante.

El Señor le respondió, "*Dama, mi querida Dama*. ¿Por qué estas enojada y preocupada, *apartada por todas estas distracciones?* ¿Realmente son tan importantes?".

Ahora Jesús ya no está hablando a una mujer en concreto llamada Marta; sus palabras llegan a los corazones de todas sus queridas damas.

Damas, sus preguntas son dignas de nuestra respuesta.

¿Por qué estamos enojadas y preocupadas?

¿Por qué permitimos que las distracciones nos aparten?

¿Hemos olvidado qué es lo importante?

¿Nos resentimos con nuestras hermanas que deciden sentarse con Él en lugar de servir con nosotras?

Perdemos la perspectiva cuando nuestra vida está desenfocada. Esto ocurre cuando se nos olvida que quienes somos para

Jesús es mucho más importante que lo que podemos hacer por Él. Damas, nosotras somos su primer amor. "Nosotros le amamos a él, porque él nos amó primero" (1 Juan 4:19). Sentarnos a los pies de Jesús es una postura de adoración y aprendizaje. Jesús ama a las distraídas, y tiernamente nos recuerda: primero va el amor, y después el servicio. Cuando invertimos estas dos cosas, nos convertimos en presa fácil de la distracción. La ansiedad sigue a una falta de enfoque, así como una falta de claridad es una invitación a la confusión.

No podemos enfocarnos en las cosas incorrectas y conseguir los resultados correctos. Cuando Jesús es tu enfoque, Él se ocupará de mostrarte las cosas que tengas que ver. Al seguir a Jesús, encuentras a las personas y cosas que requieren tu atención. Él es más que capaz de hacer que nuestros caminos se crucen. Cuando Él es nuestra búsqueda, encontramos lo que necesitamos en su estela. Él es un guía fiel.

En Mateo 23 Jesús se refiere repetidamente a los escribas y fariseos como guías ciegos porque hacían énfasis en lo pequeño y pasaban por alto lo grande. Lo leí en tres versiones, pero destaco la traducción en *The Passion* porque siento que aporta más claridad sobre lo que había causado su ceguera.

> Les espera un gran sufrimiento a ustedes, eruditos religiosos y fariseos, ¡farsantes e hipócritas! Porque están obsesionados con las cosas periféricas, como insistir en dar meticulosos diezmos de las hierbas más pequeñas que crecen en sus jardines. Estas cosas son buenas, pero ignoran la obligación más importante de todas: caminar en el amor de Dios, mostrar misericordia a

> otros y vivir con integridad. Reajusten sus valores y pongan lo primero en primer lugar. ¡Qué guías tan ciegos! ¡Criticones! Ustedes sacan un mosquito de su bebida, pero a la vez ¡se tragan un camello sin darse cuenta! (Mateo 23:23-24, TPT, traducción libre)

Si no tenemos cuidado, los asuntos periféricos se convierten en distracciones para no enfocarnos en el evangelio. No hace mucho se produjo un alboroto con respecto a si estaba bien que las mujeres predicaran dentro de la iglesia, detrás de los púlpitos, los domingos en la mañana. Las opiniones sobre este asunto variaban mucho, desde que las mujeres podían tener el nombramiento de pastor principal hasta que las mujeres guardaran silencio durante las reuniones de los domingos. Pero al final, ¿algo de esto tiene que ver con la salvación? Probablemente no.

Este es mi intento de trazar algunos de estos asuntos no esenciales y esenciales:

ASUNTO NO ESENCIAL	ASUNTO ESENCIAL
Si las mujeres deberían predicar	Si se predica a Cristo
Cómo adoramos	A quién adoramos
Cómo lucimos	Cómo vivimos
Nuestros logros	Cómo amamos
Nuestras opiniones	La verdad
Nuestra identidad en la cultura	Nuestra identidad en Cristo
Lo que tenemos	Lo que damos
Unidad de doctrina	Unidad de fe
Lo que comemos	Lo que decimos
Lo que dice la cultura	Lo que dice la Escritura

ASUNTO NO ESENCIAL	ASUNTO ESENCIAL
Lo que hacen otros	Lo que hacemos nosotros
Lo que estudiamos	Lo que vivimos
La integridad de otros	Nuestra integridad
Lo que otros creen	Lo que nosotros creemos
Cómo nos vestimos	Cómo vestimos al desnudo
Cómo nos han ofendido	Cómo perdonamos

De forma colectiva e individual tenemos que echar una buena mirada a esta lista y decidir cuáles son los asuntos esenciales en los que tenemos que enfocarnos y cuáles son los no esenciales que son meramente distracciones que sirven a los propósitos del enemigo de dividir y vencernos. Podría ser que discrepes de algo de lo que he escrito arriba. Está bien. O quizá se me han olvidado algunos puntos; si es así, siéntete libre para añadir o quitar según te parezca. Lo que espero es que sea Cristo, y no nuestras disputas, lo que se convierta en el enfoque.

CIEGO, PERO ENFOCADO

Hablemos ahora sobre alguien que perdió la vista, pero nunca su enfoque. Encontramos esta historia en Marcos 10.

> Entonces vinieron a Jericó; y al salir de Jericó él y sus discípulos y una gran multitud, Bartimeo el ciego, hijo de Timeo, estaba sentado junto al camino mendigando.
> (v. 46)

Esta historia presenta a Jesús, sus discípulos, una gran multitud, y un hombre ciego y solo sentado junto al camino. El ciego Bartimeo oyó un alboroto mientras la multitud salía de la ciudad. Algo era distinto. Había gozo y emoción en sus voces. Oyó que Jesús iba entre ellos. Surgió esperanza y fe en su corazón, y casi sin darse cuenta de lo que estaba haciendo, Bartimeo gritó:

> ¡Jesús, Hijo de David, ¡ten misericordia de mí! Y *muchos* le reprendían para que callase, *pero él clamaba mucho más*: ¡Hijo de David, ten misericordia de mí!
> (vv. 47-48)

Entonces, no una voz sino muchas voces entre la gran multitud intentaron silenciarlo. Ignorando sus protestas, Bartimeo gritó más fuerte. Su conducta debería ser un ejemplo para todas nosotras, porque las personas que intentan silenciarte no son quienes tienen tu respuesta. Ellos están contentos de que tú estés sentada junto al camino. No malgastes tu tiempo o tu voz discutiendo con ellos. Algunos incluso prefieren que sigas siendo ciega. Ahijadas, cuando los demás intenten silenciarles, no les griten; ¡es su señal para clamar más alto a Jesús!

> Las personas que intentan silenciarte no son quienes tienen tu respuesta.

> Entonces Jesús, deteniéndose, mandó llamarle; y llamaron al ciego, diciéndole: Ten confianza; levántate, te llama.
> (v. 49)

Jesús se detuvo, y fue llamado aquel que había clamado en medio de la oposición. Haz una pausa e imagínate cómo pudo ser ese momento. Todo estaba a punto de cambiar, y Bartimeo lo sabía. Años de oscuridad estaban a punto de terminar para dar comienzo a visiones de luz. Estaba preparado.

> Él entonces, arrojando su capa, se levantó y vino a Jesús. (v. 50)

¿Por qué arrojó su capa? Algunos comentaristas dicen que este tipo en particular o color de capa le daba derechos legítimos de mendigo. Bartimeo sabía que ya no necesitaría esa capa porque ya no era un mendigo. Estaba seguro de que Jesús podía sanarlo. ¡Me encanta imaginarme la escena de un hombre ciego caminando hacia la voz de Jesús!

> Respondiendo Jesús, le dijo: ¿Qué quieres que te haga? Y el ciego le dijo: Maestro, que recobre la vista. (v. 51)

¿Alguna vez te has preguntado por qué Jesús preguntaba a los ciegos qué era lo que querían? Yo sí. Mi mejor respuesta es que Jesús actuaba con ellos para modelar cómo quiere actuar con nosotros. Esto significa que nos hará algunas preguntas para las que Él ya tiene la respuesta. Estas conversaciones nos ayudan a enfocarnos en quién es Él y lo que nosotros verdaderamente necesitamos. La Escritura es clara en que no *tenemos* porque no *pedimos*. Cada ciego que lo pidió fue sanado, pero la sanidad se produjo de formas distintas. Jesús impuso sus manos sobre algunos de los ciegos, escupió sobre otro hombre antes de imponer las manos sobre él, y después hubo otro a quien untó barro en sus ojos y le pidió que fuera a lavarse. Pero la recuperación de la vista fue completamente distinta para Bartimeo.

> Y Jesús le dijo: Vete, tu fe te ha salvado. Y en seguida recobró la vista, y seguía a Jesús en el camino. (v. 52)

Bartimeo no solo recuperó la vista sino que también encontró a Aquel que era digno de su enfoque. Aunque Jesús lo despidió, Bartimeo no tenía motivo para irse. Había tomado la decisión cuando tiró su capa de mendigo. Iba a continuar como seguidor de Jesús.

Bartimeo no fue una distracción; fue una interrupción divina. Eliminar anteojeras de todo tipo siempre ha sido el enfoque de Jesús.

> El Espíritu del Señor está sobre mí,
> Por cuanto me ha ungido para dar buenas nuevas a los pobres;
> Me ha enviado a sanar a los quebrantados de corazón;
> A pregonar libertad a los cautivos,
> Y vista a los ciegos;
> A poner en libertad a los oprimidos;
> A predicar el año agradable del Señor.
>
> (Lucas 4:18-19)

Escúchame, preciosa ahijada. Creo que hay una invitación en este momento. Te desafío a no seguir avanzando demasiado rápido y que te la pierdas. Esta es una pausa de embarazo. ¿Hay algún área donde la vida te haya envuelto en harapos y te haya dicho que no deberías creer, pedir o incluso buscar más? Grita. Alza tu voz. Deja de escuchar las voces discordantes que te dicen que no lo hagas. Por demasiado tiempo las mujeres han escuchado cuando las voces de la multitud así nos lo han dicho.

¡Guarda silencio!

¡Ocúpate!

No te enfoques… ¡haz multitarea!

Preocúpate y distráete con las cosas no esenciales.

Intenta hacerlo todo para que no domines nada.

Interactúa y escucha a la multitud, pero no molestes al maestro.

Baja tu voz en vez de hablar alto.

Te reto a creer que puedes gritar más alto que este ruido. Nadie puede retenerte atada sin tu permiso. Hay momentos importantes en el tiempo en los que tenemos que negar a la multitud y gritar más fuerte. En este momento, desearía poder tomarte de la mano y susurrarte:

"Ahijada, ten confianza. Levántate, te llama".

Jesús está esperando. Tira la capa de confusión. En su presencia encontrarás claridad. Arroja esa capa de mendiga porque hay una túnica real de justicia debajo de ella. Tira los "qué pasará si" y ten confianza. Él está esperando que avances en su dirección. Jesús te está llamando a salir de la multitud para reenfocar tu vida. Oremos.

Padre celestial,

Ten misericordia de nuestras áreas de loca confusión, comparación sin sentido e incesantes distracciones. Este día decido que Jesús sea mi enfoque. Ayúdame a encontrar formas de hacer que mi mundo sea más íntimo y eficaz. Revela cualquier ceguera o puntos ciegos y restaura mi vista. Quiero observar las cosas que verdaderamente importan. Quiero que tu enfoque sea el mío. Abre los ojos de mi entendimiento para que pueda discernir la diferencia entre distracciones e interrupciones de Dios. En el nombre de Jesús,

Tu hija.

PARA ROMPER EL HIELO

¿Cuáles son algunas maneras en las que podrías reducir un poco tu mundo?

¿Qué te está distrayendo de aquello en lo que deberías estar enfocada?

¿Quién y qué deberían tener permiso para interrumpirte?

Ocho

El acto equilibrador

Aprende de los errores de otros. No puedes vivir el tiempo suficiente para cometerlos todos tú misma.
—Eleanor Roosevelt

Te estoy mostrando en este capítulo muchos de mis errores para tu beneficio. De nada. Este capítulo va a verse y sentirse un poco distinto a los otros. Para que conste, además de ser una madrina soy también una mamá de muchachos, que se traduce en que soy madre de varones. Está claro que ahora mis hijos ya son todos ellos hombres, de modo que mi título es el de M.D.H., o madre de hombres, y ellos me han dado el título más grandioso de todos: abuela. Ser madre ha sido el papel más satisfactorio, empoderador y desafiante de mi vida. No hay nada que más haya amado ser; y aparte del matrimonio, es posible que no haya prácticamente nada en lo que he cometido más errores. Mi esperanza para este capítulo es que descubras las respuestas que yo tuve que ir formando sobre la marcha.

No hace mucho tiempo, Heather, una de nuestras niñeras favoritas de siempre, me etiquetó en una fotografía que había tomado décadas atrás. En ella, John y yo estamos sentados delante de una fuente y rodeados por nuestros tres hijos mayores. Los muchachos son adorables. Supongo que Addison tenía siete años, Austin tenía cuatro y Alec tenía dos. John se ve seguro y bien parecido. Yo me veo exhausta.

Estábamos en Hawái haciendo escala de camino a nuestra casa desde Indonesia. Nuestro primer vuelo fue en la noche, desde Indonesia hasta Guam. Aterrizamos a las 12:30 de la noche, y los seis nos amontonamos en una habitación individual de hotel, cerramos las cortinas, y dormimos hasta que salió el sol. En cuanto abrieron la piscina, llevamos a nadar a los niños hasta el punto del agotamiento total para que así durmieran durante nuestro siguiente vuelo en la noche.

Subimos al avión en Guam bien avanzada esa noche, y después de un día al sol yo debería haberme quedado dormida inmediatamente, pero no fue así. Era la época cuando se permitía fumar en los vuelos internacionales, y yo no podía dejar de toser. Tras horas de tos sin descanso, finalmente me quedé medio dormida pero me despertó uno de los asistentes de vuelo al sacudir mi hombro.

"¿Son sus hijos esos niños detrás de usted?". Yo podía ver que él no estaba contento. Quería decir que no.

"Sí", respondí sin girarme hacia atrás.

"Uno de ellos acaba de soltar las mascarillas de aire para toda la fila".

Me giré y, efectivamente, la niñera estaba profundamente dormida pero Austin estaba totalmente despierto. Aparentemente un niño de cuatro años armado con una pajita para bebidas puede soltar las mascarillas. El asistente de vuelo pasó a explicar: "Este vuelo va totalmente lleno. Tienen suerte de que estemos más cerca de Hawái que de Guam porque, si no fuera así, tendríamos que dar la vuelta y regresar".

Yo supuse que se refería a "suerte" con respecto a que no sería necesario que nos expulsaran del avión. No es necesario que diga que no volví a quedarme dormida.

Una vez en Hawái, todos nos amontonamos en otra habitación de hotel y caminamos la distancia de varios bloques que había hasta la playa, donde repetimos el ritual de que los niños nadaran hasta el punto del agotamiento. Aquella noche fuimos a las instalaciones del Hilton Hawaiian Village. Era una combinación mágica de luces polinesias, peces koi gigantescos, música hawaiana, bailarines de fuego ¡y pingüinos! Entramos y salimos flotando de las tiendas muy bien iluminadas antes de posar para la fotografía.

En ella, dos de los niños llevaban increíbles cortes de cabello corto por delante y largo por detrás, y el cabello dorado del otro llevaba el estilo del corte a tazón (¡lo siento, muchachos!). Yo llevo puesta una cinta para la cabeza en un intento fallido de controlar mi caprichoso flequillo, que se ha escapado y ha encogido a la mitad de su longitud debido a la humedad hawaiana. Cuando miro la fotografía sonrío, aunque en la foto yo *no* estoy sonriendo, y recuerdo por qué. Estaba molesta porque me hubieran tomado la foto. Era bien consciente de mi cabello despeinado, mi cara cansada y mi ojo artificial.

Estoy muy contenta de que no sucediera lo que yo quería aquella noche.

Me gustaría poder regresar hasta esa noche, llevar a un lado a mi yo de treinta y cuatro años, y tener una pequeña charla con ella. Hubiera llevado a los muchachos que ella ocultaba tantas veces a sus espaldas con John o con la niñera, y habría apartado a la joven Lisa para tener una pequeña charla.

Caminaríamos tranquilamente hasta que ella viera toda la belleza que le rodeaba en aquel momento. Escucharía el suspiro que señalaba que ella estaba relajada. Entonces pondría mis manos sobre sus hombros, le miraría a los ojos, y le diría unas cuantas cosas:

> *Lisa, escúchame, lo estás haciendo mejor de lo que crees. Sí, has cometido errores y cometerás todavía más, pero llegará el día cuando entenderás que la gracia de Dios para tus hijos es mayor que tus meteduras de pata. Él redimirá tus errores en la maternidad. Incluso el peor de tus fallos servirá para ayudar a tus muchachos a acudir a Aquel que es intachable.*
>
> *Sé que te encanta ser madre. Sé que crees que es lo único en lo que eres buena aunque sea marginalmente, de modo que te sumerges en ello por completo, en cuerpo y alma. Pero escúchame: está bien cuidar de ti misma. Hay una inmensa diferencia entre negarte a ti misma y descuidarte a ti misma. Cuidar de ti misma es parte de amar a tus hijos. Descuidarte a ti misma será contraproducente a la larga. Tú imaginas que es una forma de autosacrificio, pero no lo es. Es autonegligencia.*
>
> *Aparta tiempo para estirarte. Muchos de tus dolores de espalda y tus problemas se deben al hecho de que tu cuerpo*

ha cargado a tres niños en cinco años. Estirarte ayudará a realinear tus músculos. Y vas a necesitarlo porque si crees que tres hijos son un montón, prepárate: estás a punto de tener el cuarto.

Muchacha, es momento de dejar de doblar por tres lugares la ropa interior de tus hijos. Es momento de dejar de blanquear las rayas del piso de tu cocina con un cepillo de dientes. Optimiza tu vida, y suelta algunas de las cosas pequeñas. Es momento de ser mejor en el juego. En lugar de ser tan rápida para recoger lo que está en el piso, siéntate más veces en el piso y juega con tus hijos. Comienza a disfrutar de tu esposo y tus hijos en lugar de meramente sobrevivir a ellos.

Evita a las mujeres chismosas como si fueran una plaga. Dicen que quieren tu ayuda, pero en realidad no es así. Oirás cosas que no quieres saber y, entonces, en el futuro, sus palabras actuarán como un virus y evitarán que oigas lo que sí necesitas saber. En lugar de escuchar palabras que te roban la fuerza, acude a la Palabra de Dios. Está viva y te equipará con la sabiduría que necesitas para amar a tu esposo, criar a tus hijos, y vivir con generosidad.

Deja de obsesionarte por lo que los demás piensen de ti. Muchos de ellos no te han dedicado ni un solo pensamiento en semanas. Eso no significa que no seas importante, es solo que están demasiado ocupados con sus propios asuntos para ni siquiera notar que estás capeando con los tuyos. Lo cual me conduce a otro punto. Deja de invertir en relaciones con personas que ni siquiera quieren ser tus amigos. Cariño, necesitas escuchar esto; no les caes bien. No es porque seas desagradable; es simplemente porque tienen muy pocas cosas en común. No permitas que eso te hiera. Sigue adelante porque la vida es demasiado corta para tener amigos falsos.

Hay algunas personas con las que simplemente no encajarás. Eso no hace que cualquiera de los dos esté equivocado. Míralo de este modo: ¿ves cuando tus hijos mezclaron las piezas de varios rompecabezas y las unieron solo para descubrir más adelante que las piezas de rompecabezas diferentes no encajan? Aunque por alguna casualidad loca tengan la misma forma, no crearán la imagen correcta. Tú eres parte de un rompecabezas diferente. Cuando las piezas correctas estén en sus lugares, será una imagen hermosa.

Muchacha, no te fuerces a ti misma a entrar donde no eres bienvenida; y al mismo tiempo, no te ocultes de aquello de lo que debes formar parte. Deja de ver su ambivalencia como rechazo, y acéptalo como redirección. Si continúas cambiando para así poder encajar en el rompecabezas de otros... te perderán el respeto porque no fuiste fiel a ti misma y descuidaste desarrollar tu rol y aportación únicas. Si este patrón sigue así, no te va a gustar la persona que pretendes ser. Es momento de ser sincera incluso si es más difícil. Ninguna de las mujeres de las que intentas ser amiga tan desesperadamente en este momento llegará a estar en tu futuro, porque tú te alejarás.

Ama a tu esposo; me refiero a que lo ames de veras. Él te necesita. Disfruta de él y deja de actuar como una mártir. El amor de ambos crecerá a medida que te comportes de maneras amorosas. Salgan a pasear, y contraten a una niñera para tener más citas para salir en la noche. Tres veces al año no es suficiente. Las vacaciones no siempre tienen que incluir un tiempo de ministerio. Quédense en casa y hagan unas vacaciones en casa si esa es la única manera en la que él puede tomarse un descanso. Aunque estés cansada, haz que el sexo sea una de las prioridades. Es bueno para ambos. Disfruta de ese cuerpo de treinta y cuatro años mientras aún lo tienes.

El teléfono robará tu tiempo. Desarrolla el hábito de no responder al teléfono ahora, ¡porque llegará el día en que estarás más conectada a un teléfono de lo que imaginaste que fuera posible!

Deja de preocuparte por el dinero y el hecho de que no tienes ningún seguro de salud. El dinero estará ahí cuando lo necesites. En lugar de pensar en lo que no tienes, dale gracias a Dios por lo que sí tienes, y descubrirás que tienes más de lo que crees. Desarrolla un hábito de generosidad en cada área de tu vida. Da todo lo que puedas siempre que tengas una oportunidad.

Eres más fuerte de lo que piensas. Haz senderismo, surf y esquí (pero no compres la motocicleta Ninja; eso será un error). Y a propósito, te vas a destrozar la nariz por tercera vez, en esta ocasión al hacer surf. Cuando el médico se ofrezca a arreglártela para que en el futuro no parezcas una boxeadora, ¡acepta! (¡yo no lo hice por temor a lo que otros pudieran pensar!). A nadie le importa.

PD: Habrá una invención llamada plancha para cabello. Estate atenta a eso, y cuando esté disponible compra dos. Ten una en casa, y pon la otra en tu maleta. No creerás la diferencia que se verá en tu cabello. Cuando esto suceda, puedes dejar de ponerte las cintas para la cabeza que te dan dolor de cabeza.

Y ahí está. Si yo hubiera tenido a alguien en ese periodo que compartiera conmigo lo que he compartido contigo, espero que habría escuchado. Sé que algunas de esas cosas son una tontería, pero muchas de ellas fueron lecciones que aprendí por el camino difícil con muchas más lágrimas de las que puedo contar. Especialmente la que implicaba comprometer quién era yo a fin de estar con personas que no querían ser amigos míos. He tenido unas cuantas temporadas de pausa y descanso inducidas por Dios para ayudar a curarme de este patrón. Esas temporadas fueron dolorosas y redentoras, pero posiblemente evitables. Por favor, siéntete libre para aprender de mis errores.

Recientemente abrí mis redes sociales para responder preguntas de mamás jóvenes. Hubo muchas preguntas sinceras y vulnerables de muchas mamás jóvenes y dulces que querían saber que este periodo de locura en el que están contará para algo (¡prometo que así *será*!). A muchas les preocupaba no estar orando o leyendo la Biblia el tiempo suficiente, y se preguntaban si su Padre celestial estaba menos que agradado de ellas. Por favor, escucha mis palabras. En muchos aspectos, *ser mamá es vivir la Biblia*. Tu Padre celestial te ha confiado el mayor tesoro que hay en la tierra... *los hijos*.

> Respira profundamente, ríete de tu futuro, y disfruta del presente.

Apreciada ahijada, no eres un fracaso y no te estás perdiendo. Pon música de adoración, ¡baila y canta! No hay *mayor privilegio*. Reciban aliento, mamás jóvenes; ¡este es un buen periodo que les posicionará para ir de fortaleza en fortaleza! Estas son algunas cosas que ayudarán: está bien dormir una siesta, está bien pedir ayuda. ¡Está bien tener una casa menos que perfecta! Cualquier error de mamá que te esté estresando... ¡está bien!

Respira profundamente, ríete de tu futuro, y disfruta del presente.

En estas páginas me gustaría abordar algunas de las preguntas que he recibido de ahijadas preciosas sobre matrimonio, ministerio y maternidad. Mi mundo laboral se ve como ministerio, pero creo que gran parte es trasladable al trabajo en general. Profesionales del ministerio, la consejería, la medicina, etc., pueden sentir todos ellos que las líneas entre lo personal y lo profesional quedan desdibujadas constantemente, de modo que espero que esto ayude.

¿CÓMO TE MANTIENES CONECTADA CON TU CÓNYUGE CUANDO TIENES HIJOS PEQUEÑOS, Y TODO ES TAN AJETREADO?

Establece una hora de irse a dormir para tus hijos, y cúmplela. Los niños necesitan más horas de sueño que los adultos, y las parejas adultas necesitan apartar tiempo juntos para cultivar su relación. Si la meta es tener a tus hijos en la cama a las 8:00 de la noche, supongo que el proceso necesita comenzar no más tarde de las 7:00 p.m. Esta tarea recaía principalmente en mí porque John viajaba, pero si puedes, reparte y conquista las tareas a la hora de acostarlos. Nuestro ritual de ir a la cama incluía baños, leer un cuento, cantar canciones, decir oraciones, y entonces acostarlos. Si puedes, cena lo bastante temprano para que tu familia pase junta bastante tiempo de calidad alrededor de la mesa, con tiempo sobrante para juegos o tareas, sin tener que sacarlo del tiempo juntos como pareja.

¿QUÉ CONSEJO ME DARÍAS COMO ESPOSA DE UN INCRÉDULO Y LA ÚNICA LÍDER ESPIRITUAL DEL HOGAR?

Preferiría que te consideraras como una puerta de entrada para que el amor de Dios se infiltre en tu hogar. Sentir la presión de liderar espiritualmente a otros que no siguen a Jesús significa que probablemente vas a sentirte frustrada. Puede que ayude a cambiar tu percepción de lo que significa ser un líder. En el reino de Cristo, los líderes son siervos. Esto significa que lideramos mejor sirviendo a quienes nos rodean. Invitamos a otros a seguir a Jesús liderando con el ejemplo de nuestras vidas. Jesús nos dirige a todos con amor. No te sitúes bajo la presión de cambiar a tu esposo; eso nunca sale bien, sea él creyente o no. En cambio, ama a tu esposo y a tus hijos. Lo mejor que puedes hacer es lo mismo que cualquiera de nosotros puede hacer, que es ser un ejemplo espiritual de amor. No prediques con tus palabras; predica con algo más poderoso y persuasivo: tu vida. Modela una vida que sea semejante a Jesús. Primera de Pedro 3:1-2 dice:

> Y ahora voy a hablar a las esposas. Dedíquense a sus propios esposos, de modo que, si algunos de ellos no obedecen la Palabra de Dios, su buena conducta pueda ganarlos sin que ustedes digan nada. Porque cuando observen su vida pura y piadosa delante de Dios, eso los impactará profundamente. (TPT, traducción libre)

Probablemente ya estás tocando a tu cónyuge en aspectos que todavía no puedes medir. No permitas que el enemigo te presione hacia querer *salvar a tu cónyuge*. Eso es tarea del Espíritu Santo. Que sea tu bondad la que lo conduzca a un espacio de arrepentimiento. La historia no ha terminado, querida ahijada, y esta carga no es tuya. No mencionaste si tienes hijos, pero lo he supuesto; si tienes hijos pequeños, siéntete libre para servirlos en cada oportunidad que tengas. Tu esposo observará que sus vidas se desarrollan y prosperan, y también será atraído a Cristo.

¿CÓMO MANTIENES FUERTE TU MATRIMONIO?

Piensa en la respuesta en términos del modo en que mantenemos fuerte el cuerpo. Comemos sano y mejoramos nuestra fuerza con ejercicio. En un matrimonio, esto significa que vigilas lo que consumes y no te retraes de mantener conversaciones difíciles. Habiendo dicho eso, hubo un periodo en el que lo único que John y yo teníamos eran conversaciones difíciles... ¡y eso era difícil! Asegúrate de que haya risas y amor en tu hogar. No permitas que las comparaciones te roben. Si ves a otra pareja que disfruta de aspectos de su matrimonio que tú no has desarrollado aún, aprende de ellos. Mantente lejos de entretenimiento que contenga aunque sean solo indicios de pornografía, adulterio, fornicación, y ocultismo. John y yo somos superapasionados, y hemos aprendido a pelear *por* nuestro matrimonio en lugar de solamente pelear *en* él. Esto significa atacar problemas que surjan en lugar de atacarnos el uno al otro. También mantenemos contacto trimestral con un consejero que nos ayuda a tener las herramientas adecuadas (sentimos esto con tanta fuerza que hemos presentado su curso en el Internet). Otra cosa importante es hablar de cómo esperas que se vea tu matrimonio dentro de un año. Sueñen juntos y anótenlo.

¿QUÉ HACES CUANDO SIENTES QUE TU LLAMADO ES DIFERENTE AL DE TU ESPOSO, PERO ÉL ES EL "LÍDER" DE LA FAMILIA?

Definamos primero el papel de un líder. Un líder no es el jefe que lo controla todo y cambia a todos en el matrimonio. Los líderes empoderan a quienes están bajo su cuidado. Los esposos han de amar y liderar a sus esposas hacia quienes ellas son realmente. Esto significa liderar del mismo modo que Cristo ama y lidera a la iglesia. La versión *The Message* dice:

> Esposos, denlo todo en su amor por sus esposas, exactamente como Cristo hizo por la iglesia; un amor marcado por la entrega, no por lo que pueden obtener. El amor de Cristo sana a la iglesia. Sus palabras evocan su belleza. Todo lo que Él hace y dice está pensado para sacar lo mejor de ella.
>
> (Efesios 5:25-26, traducción libre)

Por décadas ya, esa ha sido la meta de John conmigo. Hubo épocas cuando hicimos bien esta danza y otras cuando nos pisábamos los pies mutuamente. El amor y el liderazgo verdaderos elevan a las personas a un lugar y perspectiva más altos. Dicho eso, existe una diferencia en el propósito del matrimonio y el del llamamiento o las carreras profesionales que escogemos. El propósito del matrimonio es hacernos uno, no iguales.

> El propósito del matrimonio es hacernos uno, no iguales.

Si John fuera médico y yo me sintiera llamada a ser ministro, eso no supondría en nuestro matrimonio un conflicto mayor que si yo me sintiera llamada a ser abogado. Estoy haciendo la suposición de que como usaste la palabra *llamado,* uno de ustedes quizá se siente llamado al ministerio. En ese caso, el papel de tu esposo como líder no sería un obstáculo para tu llamado al ministerio, o su llamado al ministerio no debería invalidar lo que tú haces. A menos que se deba a que uno de ustedes siente que el ministerio es la dirección para toda la familia y el otro esté en desacuerdo. O si lo que uno de ustedes quiere hacer en el ministerio significa alejarlo de la familia (¡vaya, me gustaría que estuviéramos tomando un café para poder saberlo con seguridad!).

Los matrimonios deberían estar unidos en propósito, pero eso no significa que debemos tener los mismos papeles. John y yo somos ministros los dos, pero yo no soy ministro porque John lo sea; soy ministro porque ese fue el llamado en mi vida. Si yo le dijera a John que me siento llamada a mudarme a la India y ser misionera, pero él no estuviera de acuerdo, como pareja creo que escogeríamos el no. Entonces entregamos la situación a Dios, y si alguno necesita cambiar de opinión, creemos que eso sucederá.

Sí creo que necesitamos cambiar el modo en que vemos el ministerio. Como santos, todos somos llamados a hacer la obra del ministerio sin importar dónde estemos trabajando. Cuando mis hijos eran pequeños, ellos eran mi llamado (carrera) y ministerio. Escribía libros para que mis palabras escritas pudieran viajar en mi lugar y así poder pasar más tiempo en casa.

Sin conocer ambas partes de tu situación, quiero alentarte diciendo que hay cosas que Dios pone en nuestro corazón en un periodo, y que son para nuestro periodo siguiente en la vida. Usa este periodo para prepararte y edificar tu matrimonio, y si es un llamado de Dios, dará su fruto en el momento adecuado.

¿CÓMO AYUDAS A TU ESPOSO A ENTENDERTE A TI Y LO QUE HAY EN TU CORAZÓN SIN FRUSTRACIÓN EN UNA DE LAS PARTES?

Me tomó mucho tiempo aprender esto. Y, con toda franqueza, es un área en la que sigo aprendiendo. Una cosa que he descubierto con seguridad es que funciona mejor cuando la meta es entenderse el uno al otro en lugar de ser entendido por el otro. La mejor manera de ver que tu cónyuge te entiende cada vez más es modelar cómo se ve la comprensión. A la mayoría de los varones les resulta más difícil expresar sus sentimientos que a las mujeres, pero eso no significa que no tengan sentimientos profundos. Cuando yo escucho para entender verdaderamente a John, él lo sabe. Al principio de mi matrimonio yo escuchaba buscando maneras de dejar claro mi punto en lugar de crecer en mi comprensión de John. Pero el enfoque de comprender funcionaba mucho mejor que argumentar mi punto, compartir lo que había en mi corazón, o intentar enseñar a John cómo hablar el lenguaje del corazón de una mujer, lo cual era totalmente ajeno para él. Mientras tu esposo está aprendiendo a entenderte, haz que tu meta sea entenderlo a él. A John no le va bien cuando yo ataco sus esfuerzos; pero responde favorablemente cuando me explico en términos que fomentan la discusión a la vez que creo lo mejor de él. Un ejemplo es: "John, cuando haces eso yo lo siento así, y sé que tú no quieres eso".

Los buenos matrimonios requieren que seamos aprendices toda la vida. Antes de abrir mi boca, me recuerdo a mí misma que "el amor es paciente y benigno" (1 Corintios 13:4). ¡Porque siempre me resulta más fácil no ser ninguna de esas cosas!

¿CUÁLES SON LAS CLAVES PARA EL GOZO Y LA LONGEVIDAD EN EL MATRIMONIO, LA MATERNIDAD Y EL MINISTERIO?

Para preservar tu gozo, nunca lo vincules a algo o alguien que te pueda ser arrebatado. En *Los cuatro amores,* C. S. Lewis advertía: "No permitas que tu felicidad dependa de algo que puedes perder".[1] La felicidad depende de lo que podría suceder o ha sucedido, pero el gozo es más profundo. El gozo es una decisión diaria. Es el gozo del Señor el que es nuestra fortaleza (ver Nehemías 8:10). El gozo se pierde cuando lo vinculamos a nuestro matrimonio, nuestros hijos, o lo que está sucediendo en las redes sociales, en nuestra nación, o incluso en el ministerio. También he descubierto que el modo más rápido de perder mi gozo es quejarme de mi periodo actual o mis circunstancias. En cuanto comienza cualquier queja por mi parte, la gracia se eleva y quedo enterrada bajo un desprendimiento de desaliento.

¿CÓMO BALANCEAS TU MATRIMONIO, MINISTERIO Y FAMILIA?

Es más fácil de hacer si no intentas separarlos. Yo soy siempre esposa, siempre madre, y siempre un ministro. Es quien soy en el supermercado, en un avión o sobre una plataforma. Nuestra identidad es, en primer lugar y sobre todo, hija de Dios; esta es la relación que infunde fuerza a todo lo que hacemos. Todo lo que yo hago fuera de mi hogar fluye de la fuerza de la relación que hay dentro de él. No se me da bien encasillar, pero sí que creo que los límites son increíblemente necesarios para mantener el balance. Ten cuidado con permitir que el ministerio se convierta en el punto más prevalente en este triángulo. Tu matrimonio es tu ministerio; tan solo preguntemos a cualquier ministro (esposo o esposa) que descuidó el suyo solamente para comprender más adelante su grave error. Tus hijos son tu ministerio. Aborrezco escuchar demasiadas veces que muchos hijos del "ministerio" tienen la sensación de que sus padres tenían tiempo para todo el mundo excepto para ellos. Cuando eso sucede, se va acumulando resentimiento. Entabla conversaciones y encuentra maneras creativas de conectar el uno con el otro y con tus hijos. Noches familiares llenas de risas, jugar juegos y comer juntos es un comienzo estupendo.

¿CÓMO TE PREPARAS PARA EL MATRIMONIO Y LA MATERNIDAD?

Es aquí donde una relación con una mujer de más edad demuestra tener mucho valor. Pablo advirtió a Timoteo que estudiara a fin de mostrarse a sí mismo aprobado en 2 Timoteo 2:15. También le dijo a Timoteo que lo siguiera a él así como él seguía a Cristo. Por lo tanto, no aprendemos solamente estudiando la Palabra; aprendemos siguiendo ejemplos vivos. Somos creados para la conexión y la conversación. La Biblia tiene ejemplos, pero todos necesitamos interactuar a fin de obtener consejo específico sobre temas concretos. Yo comenzaría orando que Dios te envíe a una madrina sabia (no tiene que ser anciana), y después estate atenta a encontrarla. Encuentra maneras de servir junto con ella en el ministerio y en su hogar para que así puedas aprender.

¿QUÉ PIENSAS SOBRE EL DIVORCIO Y UN SEGUNDO MATRIMONIO CUANDO UN ESPOSO SE HA IDO?

Yo siempre acudo a 1 Corintios 7:15 como guía: "Pero si el incrédulo se separa, sepárese; pues no está el hermano o la hermana sujeto a servidumbre en semejante caso, sino que a paz nos llamó Dios". En mi opinión, este versículo no se refiere solamente a un cónyuge que se niega a creer en Jesús, sino también al que se negó a creer en lo sagrado del pacto matrimonial. Las personas adúlteras abandonan sus matrimonios con cada acto de adulterio igual que los abusadores deconstruyen sus matrimonios con cada acto de abuso. Permite que Dios declare su paz a tu situación antes de tomar cualquier decisión, pero personalmente creo que eres libre para volver a casarte.

NECESITO APOYO EMOCIONAL PARA SABER QUE NO ESTOY ARRUINANDO A MIS HIJOS CUANDO COMETO ERRORES. ¿DÓNDE ACUDO PARA ENCONTRARLO?

En primer lugar, no existe tal cosa como la mamá o el papá perfectos. Si quieres una lista de padres que metieron la pata hasta el fondo, la Biblia es un recurso estupendo. Aquí tienes una breve lista: Adán, Eva, Noé, Abraham, Sara, Lot, Isaac, Raquel, Rebeca, Jacob, Moisés, Séfora, Elí, Samuel, Betsabé, Isaí, Saúl, David, Salomón.

Como ya sabes, Jesús vino del linaje de varios de estos padres y madres con defectos. Por lo tanto, adorable mamá, respira profundamente y suelta todas las falsas imágenes de comparación que te están acusando en este momento. La culpabilidad no es una buena guía, y el temor es un consejero horrible.

> Las mamás también necesitan misericordia.

Sé que fui dura con mi madre, y estaba totalmente convencida de que nunca cometería ninguno de sus mismos errores, pero los cometí. Llegó un punto cuando perdoné a mi madre y a mi padre. Cuando dejé de culparlos a ellos, estuve preparada para perdonarme a mí misma. Este intercambio te posicionará para aprender de tus errores, confesar tus luchas, y recibir la misericordia de Dios. No cometas el error que yo cometí de no perdonarme a mí misma hasta que sentí que ya había pagado lo suficiente por los pecados de mi propia mamá. Las mamás también necesitan misericordia. Por lo tanto, no tengas miedo a humillarte a ti misma para que el ciclo de culpabilidad no continúe. De nuevo, hay sabiduría que obtener de las mujeres de más edad que hay en tu mundo.

Una de las cosas más importantes en la crianza de los hijos es la consistencia. Cuando yo era pequeña, mis padres eran muy impredecibles. Podría recibir un castigo por no comerme mi avena pero excusaban que no regresara a casa a la hora que tenía señalada. Mi padre imponía una estricta disciplina un momento y estaba borracho al siguiente. Es muy importante que tus hijos sepan qué esperar de ti. No puedes ser excesivamente estricta un día y después actuar al siguiente como si fueras simplemente la mejor amiga. No puedes aflojar hoy porque fuiste excesiva ayer. Aprópiate de tus errores. Si fuiste demasiado severa, confiésalo. Pide perdón a tus hijos. Perdónate a ti misma y vuelve a empezar. Descubre lo que es importante (el carácter y la seguridad son dos buenas áreas con las que comenzar) y lo que no lo es (un cuarto desordenado, el cabello o la ropa), y entonces sé consistente con las cosas importantes y más indulgente con las que no lo son tanto.

Llegaré un poco más lejos; no hay metodologías de crianza perfectas. Quizá esto no es lo que querías escuchar, pero es parte del mejor apoyo emocional que puedo ofrecerte. Una buena crianza utilizará siempre los mismos ingredientes, pero la fórmula puede variar de un niño a otro. Yo descubrí que lo que funcionaba para mi primer hijo no funcionaba para el segundo, y lo que funcionaba para el segundo y el primero ciertamente no se traducía bien para mi tercer hijo. Cuando tuve el cuarto, sentía que había cometido todos los errores posibles. Simplemente mantenía cerca a Arden ¡para asegurarme de que los otros tres muchachos no lo herían!

Cuando estaba criando a mis hijos había bastantes currículos para la crianza complejos que eran populares. Me regalaron uno de ellos. Con toda franqueza, quedé totalmente agotada solamente con leer las instrucciones. Era tan extenso que parecía una versión para niños del libro de Deuteronomio. Sabía que yo misma me ausentaría del programa más veces que mis hijos. No quería construir una casa de leyes; quería construir un hogar de amor y gracia. Se lo regalé a otra persona que entendería cómo utilizarlo.

Amamos a nuestros hijos y queremos hacerlo todo bien, pero eso no significa que no fallaremos. En la mayoría de los casos, esta desconexión no se debe a una falta de esfuerzo o piedad. Fallamos porque no es posible que personas desesperadamente imperfectas críen a sus hijos perfectamente. Necesitamos un ejemplo perfecto a seguir. En la Escrituras vemos cómo el Padre amó a este mundo quebrado por medio de su Hijo. Acercarnos a Jesús y experimentar regularmente su amor y su misericordia son realmente las únicas maneras en las que cada una de nosotras puede redimir sus errores cometidos ayer.

¿CÓMO ENCUENTRO UNA COMUNIDAD DE OTRAS MAMÁS JÓVENES QUE ESTÉN EXPERIMENTANDO LAS MISMAS COSAS QUE YO?

Las comunidades se forman en torno a lo que valoramos. Hay muchas mamás jóvenes que se sienten aisladas, devaluadas, mal equipadas, y comprensiblemente agotadas. Sienten una clara falta de apoyo en múltiples niveles. Estas necesidades abarcan desde el apoyo emocional al cultural, y desde el físico hasta el económico. La mayoría de las madres se sienten culpables sin importar lo que hagan porque constantemente se les envía el mensaje de que nunca es suficiente.

Siempre que sea posible, es mejor obtener consejo de alguien que ya haya corrido la carrera en la que tú te encuentras ahora. En este caso, no necesitas una compañera de equipo tanto como una entrenadora. Alguien que esté en la misma estación en la que tú estás hará un trabajo estupendo a la hora de mostrar empatía, pero la comprensión solo puede llevarte hasta cierto punto. Para avanzar, necesitarás herramientas y el conocimiento de cómo usarlas. Es ideal tener acceso a alguien que esté al otro lado de nuestra batalla y que puede actuar como guía. Las mamás guía de más edad, o madrinas, poseen la combinación ganadora de perspectiva y experiencia. Cuando se trata de hijos, yo sería renuente a aceptar consejos de alguien que no haya experimentado a su prole como adultos. Hasta que se llega a la edad adulta, la crianza de los hijos es más una teoría que una prueba.

Hasta que se llega a la edad adulta, la crianza de los hijos es más una teoría que una prueba.

Quiero desafiar esta idea de reunirte solamente con mamás jóvenes que *están pasando por las mismas cosas* que tú. Es estupendo reírse con ellas, y es alentador saber que no estás sola. Te sugeriría invitar a la mezcla al menos a una madrina. Las perspectivas de alguien que ya está al otro lado de la crianza son muy valiosas. Sin duda, estar con personas que están en el mismo periodo de la vida es mejor que quedarnos aisladas, pero quizá sea más útil incluir a mujeres que están en su estación siguiente y que están listas para estirarse. Sé que, literalmente, miles de mamás jóvenes se han reunido y han visto Mamás de Hombres, un curso en video que yo creé con mi buena amiga Havilah, y que me convierte a mí en la mujer de más edad honoraria en la mezcla.

Esta brecha de aprendizaje es una de las vulnerabilidades creada por la brecha generacional entre madres e hijas literales y figuradas. Las mujeres más jóvenes tienen algunas necesidades desesperadas y las mujeres mayores sienten que nadie quiere lo que ellas tienen para ofrecer. Ambos conjuntos de mujeres van a tener que despertar y ver que eso no es útil. Las mujeres más jóvenes necesitan ser lo bastante valientes para pedir ayuda, y las mujeres mayores necesitan ser lo bastante valientes para ofrecerla. No tienes que saberlo todo para ofrecer algo.

No tienes que saberlo todo para ofrecer algo.

¿DÓNDE ENCUENTRO A ALGUIEN QUE HAYA ESTADO ANTES EN ESE LUGAR PARA ENSEÑARME?

Mira a tu alrededor en los supermercados y las cafeterías. Acércate a alguien que parezca estar en tu siguiente estación. Yo esperaría que pudieras encontrar mujeres en tu iglesia local, que son pozos profundos de sabiduría y experiencia. Ora y pide al Espíritu Santo que te indique dónde deberías mirar, y después observa para encontrarlas. Puede que haya una mujer así en tu mismo barrio, o ¿qué de un centro para mayores? Solo puedo imaginar que hay una plétora de mujeres que piensan que nadie quiere el tesoro de sabiduría ganada con esfuerzo que está en sus vidas. Y hasta que la encuentres, es mi privilegio ser tu madrina en papel.

¿CÓMO ENCUENTRO TIEMPO PARA EL CUIDADO PERSONAL Y TIEMPO CON DIOS?

Creo que el cuidado personal y el tiempo con Dios son una y la misma cosa. Pasar tiempo con Aquel que me creó es una de las mejores maneras de cuidarme a mí misma. Si saco a pasear al perro, eso refrescará mi alma y será una oportunidad de pasar tiempo con Dios. No será un estudio bíblico, pero será un estudio de la maravilla de la creación. El ejercicio es una de las mejores maneras de cuidarte personalmente. Un paseo o montar en bicicleta tonifica mi cuerpo y llena mi mente de ideas nuevas. Cuando estoy en una clase de barra de ballet, estoy haciendo ejercicio pero no es refrescante. Estoy segura de que cierta medida de ambas cosas es mejor, pero si tienes que escoger entre ejercicio en una clase y un paseo en la naturaleza, opta por el paseo.

Por lo general, hay maneras de encontrar el tiempo que necesitas oculto en tu día. Un modo de descubrir dónde tienes parcelas de tiempo sería tomar notas sobre cómo empleas tu tiempo durante el curso de unos cuantos días. Puede perderse tiempo al teléfono o intentando hacer recados con niños. Piensa en que te lleven la compra del supermercado a casa. Las comidas planeadas ahorran mucho tiempo. Yo siempre tengo a mano lo que necesito para una comida común de quince minutos.

El agotamiento le robará a tu tiempo fortaleza, productividad y gozo. Quedarte despierta hasta tarde ocasionalmente está bien, pero si eso se convierte en un hábito, notarás que la persona nocturna devora a la diurna que intenta levantarse temprano. Busca maneras de poder cambiar la narrativa para que tú estés a cargo de dirigir tu día en lugar de que sea el día el que te dirige. Cuando se trata de ciertos tipos de trabajo, yo soy más productiva en la noche que en las primeras horas de la mañana. Cuando mis hijos eran muy pequeños, me daba permiso a mí misma para leer la Biblia en la noche porque, entre prepararlos para ir a la escuela y mi *lento* proceso de despertar, las rutinas en la mañana eran fracasos épicos.

Algunos días, tu cuidado personal podría parecerse a tomar un baño... sola... mientras escuchas música de adoración. Otros días, el cuidado personal podría significar leer un libro durante quince minutos al aire libre bajo la luz del sol. Con niños pequeños tendrás una mejor oportunidad de encontrar breves periodos de tiempo a lo largo del día, en lugar de esperar tener un rato largo. Pero esos breves momentos de alivio pueden dar grandes beneficios en paz.

Estate atenta a las claraboyas de tiempo en lugar de esperar que se abran grandes ventanas. Y, por favor, no permitas que el cuidado personal se convierta en otro punto que marcar en tu lista. Porque en cuanto lo conviertes en eso, deja de ser cuidado.

¿CÓMO CREAS SILENCIO EN EL RUIDO DE LA VIDA FAMILIAR?

Aparte de cuando me baño y tiempo a solas en mi auto, renuncié al silencio. Me resultó útil cultivar una atmósfera de adoración en mi casa en lugar de simplemente ruido. Ponía algún tipo de música de adoración casi en cuanto todos estábamos despiertos. Las canciones me ayudaban a seguir la indicación de Pablo:

> Que habite en ustedes la palabra de Cristo con toda su riqueza: instrúyanse y aconséjense unos a otros con toda sabiduría; canten salmos, himnos y canciones espirituales a Dios, con gratitud de corazón.
>
> (Colosenses 3:16, NVI)

Mis muchachos me decían que recordaban que siempre sonaba la música, y a mí cantando y a veces bailando, y que otras veces me veían postrada sobre la alfombra. Estoy bastante segura de que estaba orando: "Padre, ¡por favor, pon guarda en mi boca y dame paciencia! Que sea lenta para hablar, rápida para escuchar, ¡y lenta para la ira!".

Esta oración era un freno bastante constante en mi vida. Antes de que te des cuenta, todos estarán en la escuela y tú volverás a descubrir el sonido del silencio.

SOY MAMÁ SOLTERA DE CUATRO VARONES QUE TRABAJA A JORNADA COMPLETA; ¿CÓMO LOS CONDUZCO A DIOS?

Yo argumentaría que eres una heroína, ¡y posiblemente una santa en lugar de una mamá soltera! Las mujeres pueden guiar a los varones a Dios tan fácilmente como pueden hacerlo los hombres. El poder del evangelio nunca queda disminuido o aumentado por el género que lo comparte. Tan solo sigue siendo un ejemplo de lo que es una madre piadosa: alguien que hace todo lo que puede y no pone excusas. Cariño, tú no eres responsable de llenar la brecha que dejó atrás su papá. Solamente sé esa madre. Los varones de modo natural desearán un padre, y cuando lo hagan, dirígelos *al* Padre. Si les preguntas a mis hijos, la mayoría de ellos te dirán que aunque escucharon a John predicar más *en iglesias,* aprendieron tanto o más de mí en la casa. Y, ahijada, ¡voy a creer que un padrino se cruzará en tu camino para amar a esos muchachos y ayudarte!

¿CÓMO SOBREVIVISTE A LA ETAPA DE LOS DOS AÑOS?

Los niños y niñas de dos años son divertidísimos. Les encanta forzar los límites, pero no permitas que te saquen de tus casillas. Yo observo a mi nuera Julianna cuando se relaciona con sus hijos de esas edades, y se mantiene en calma. Por otro lado, recuerdo claramente gritar dentro de mi auto en un semáforo porque todos mis hijos estaban llorando. Ayuda ser consistente con la disciplina y las directivas. Los niños pequeños son más inteligentes y más capaces de recoger sus juguetes y aprender a ir al baño de lo que podrías sospechar. Mantén un tono constante, a menos que estén en peligro y haya razón para que levantes la voz. Soportar días con niños de dos años requiere creatividad y sentido del humor. Las siestas son importantes... para ambas partes. Deja ir las pequeñas cosas, y enfócate en entrenarlos.

¿CÓMO AMARÍAS A TU HIJO SI TE DIJERA QUE ES GAY?

Esta pregunta puede contener la respuesta en sí misma. Yo lo amaría como hijo mío que es. Dios nos ama independientemente de cuáles sean nuestras decisiones. El amor y la bondad no son endosos; son precisamente las cosas que Dios usa para llevarnos de regreso a su corazón. Nosotros no podemos hacer menos.

¿CÓMO LIDIAMOS CON LA VERGÜENZA COMO MADRES CUANDO FALLAMOS?

Yo me arrepentía, recibía el perdón de Dios, y pedía a mis hijos que me perdonaran. Dios ha usado algunos de mis peores momentos en la crianza de mis hijos como un catalizador para sanar el dolor de otros. Cuando fallamos como padres, lo mejor que podemos hacer es ser sinceros, y una de las peores cosas que podemos hacer es poner excusas o culpar a nuestros hijos de nuestra mala conducta. John y yo estamos lejos de ser unos padres perfectos, pero lo único que hicimos bien fue apropiarnos de nuestros errores.

Al mirar atrás, estoy bastante segura de que yo cometí errores cada día. Llamaba a una mamá amiga, y ella me contaba que estaba batallando con lo mismo. Era consolador saber que yo no estaba sola, pero ese conocimiento no producía ninguna corrección de rumbo.

Hubo una ocasión en particular cuando me encontré tan frustrada y enojada con uno de mis hijos que estuve a punto de hacerle daño. Vi el terror en sus ojos y me di cuenta de que estaba a punto de repetir el mismo escenario en el que me crié y que juré que nunca repetiría. Fue una llamada de atención y un catalizador para que lidiara con el abuso de mi propia niñez.

¿QUÉ ES ALGO QUE CAMBIARÍAS SOBRE CÓMO CRIASTE A TUS HIJOS EN LOS PRIMEROS AÑOS?

Habría sido más paciente y habría jugado más con ellos.

¿CUÁLES FUERON TUS MAYORES PREOCUPACIONES POR TUS HIJOS A MEDIDA QUE CRECIERON?

Hubo años en los que John y yo viajábamos tanto, que él en pocas ocasiones estaba ahí para nuestros hijos. Cuando él estaba en casa, lo agarrábamos en su peor momento porque ya había dado todo de él a los demás. Mi hijo mayor era un adolescente joven y estaba muy molesto de que su padre no estuviera allí a su lado. Yo llamé a uno de nuestros amigos para pedirle consejo. Él preguntó si Addison quería casarse. Un poco confusa, respondí: "Sí".

"Muy bien. Dile a Addison que eso significa que estará procesando el resto de su vida con una mujer, y que ahora está haciendo trabajo por adelantado".

Sus palabras fueron un regalo para mí y para mi hijo. Y eso es precisamente lo que Addison está haciendo ahora con su adorable esposa: Julianna.

Por eso nos necesitamos unos a otros. Cuando alguien está a nuestro lado, podemos hacer frente a cualquier asalto. Yo tuve que enfrentar algunas cosas difíciles en estos últimos años, y solamente saber que tenía a mujeres de oración levantándome marcó toda la diferencia. Juntas, con el Espíritu Santo, tenemos la fuerza que necesitamos para los días que tenemos por delante.

PARA ROMPER EL HIELO

¿Cuáles son algunas de las cosas que le dirías a tu yo más joven?

Anótalas aquí:

¿Cuáles son los consejos que podrían aplicarse inmediatamente en tu vida?

Nueve

Cuando nuestro cuento de hadas sale mal

> Procedemos de Dios, e inevitablemente los mitos que nosotros mismos hemos entretejido, aunque contienen error, también reflejarán un fragmento astillado de la luz verdadera, la verdad eterna que está con Dios. Sin duda, solamente al crear mitos, solamente al convertirse en "subcreador" e inventar historias, puede el Hombre aspirar al estado de perfección que conocía antes de la Caída.
>
> —J. R. R. Tolkien

Aunque las madrinas de los cuentos no son reales, el cuento de Cenicienta se relata casi universalmente. ¡Los eruditos dicen que hay entre 340 y 3000 versiones del cuento! Esto hace que Cenicienta sea algo *más* que un cuento de hadas; es un mito.

Se ha elevado hasta el rango de un arquetipo, convirtiéndose en una historia con un patrón que todos reconocemos.

Es interesante que la primera versión registrada de Cenicienta es de China, en el siglo IX. En este cuento a la heroína, Yeh-Shen, se le concede un deseo. Se le da un vestido espléndido para asistir al festival de primavera, y el detalle final es un par de zapatos mágicos de oro. El rey la ve y queda cautivado por su belleza. Su malvada madrastra ve también a Yeh-Shen, y al más verdadero estilo Cenicienta, Yeh-Shen pierde uno de sus zapatos mientras escapa. Los aldeanos lo encuentran y llevan al rey el zapato de oro. El rey busca hasta encontrar a Yeh-Shen. Cuando le pone el zapato, ella es transformada y el rey le propone matrimonio. En esta versión, la malvada madrastra y sus hermanastras son castigadas severamente por su crueldad. Son apedreadas por los aldeanos... superintenso.

Además de la versión china y de nuestra versión de Disney, hay cuentos de Cenicienta en estos países: los nativos de Norteamérica, África, Irlanda, Alemania, Francia, Italia, Noruega, Grecia, Escocia, Bulgaria, Portugal e Inglaterra.[1] Creo que esta es una razón muy concreta por la que el cuento tiene un atractivo tan universal.

Profundicemos un poco más para descubrirlo. ¿Cuál es la primera imagen que te viene a la mente cuando oyes el nombre de Cenicienta? ¿Es un zapato de cristal? ¿Un hermoso vestido? ¿Una madrastra malvada? ¿Una muchacha abusada? ¿Un príncipe que rescata? ¿Hermanastras mezquinas? ¿Magia? ¿O un hada madrina?

¿Y qué de la redención? Lo creas o no, Cenicienta sigue el patrón en arco de "elevarse, caer, y después elevarse", que el autor Kurt Vonnegut propuso y que se parece notablemente a otro con el que todos estamos familiarizados:

> "Esos pasos al comienzo se parecen al mito de la creación de prácticamente todas las sociedades en la tierra. Y entonces vi que el toque de la medianoche se parecía exactamente al mito único de la creación en el Antiguo Testamento". La hora límite de llegada de Cenicienta era... una imagen contrapuesta de la expulsión de Adán y Eva del Huerto del Edén. "Y entonces vi que el ascenso a la dicha al final era idéntico a la expectativa de redención tal como se expresa en el cristianismo primitivo. Las historias eran idénticas".[2]

En lugar de *mito* y *primitivo,* yo usaría las palabras *historia* y *origen*. Historias como la de Cenicienta expresan anhelos que están entretejidos tan profundo en nuestro interior, que con frecuencia no tenemos la capacidad de expresarlos con palabras. Y, sin embargo, cuando oímos estas historias, resuenan y despiertan algo que está latente en nuestro interior.

Queremos saber que hay esperanza, que el bien triunfará, y que las lágrimas serán enjugadas.

> Los cuentos de hadas no niegan la existencia de tristeza y fracaso: la posibilidad de que estén ahí es necesaria para la alegría de la liberación. Niegan (ante mucha evidencia, por así decirlo) la derrota universal final... dando una fugaz vislumbre de gozo; un gozo más allá de los muros del mundo, tan enternecedor como la tristeza.
>
> —J. R. R. Tolkien[3]

Queremos saber que hay esperanza, que el bien triunfará, y que las lágrimas serán enjugadas. Queremos creer que la muerte y la derrota serán tragadas en una victoria tan completa que la maldad y el dolor solo serán una mera sombra de un recuerdo.

Debido a que Cenicienta presenta tal patrón redentor, examinemos sus componentes individuales más de cerca con la esperanza de adoptar algo de sabiduría y perspectiva para los retos de nuestro tiempo. En este punto quiero buscar más el factor Dios y menos el de cuento. Hay algunas constantes en la historia, sin importar qué versión leamos.

En primer lugar, el padre de Cenicienta está muerto, ausente emocionalmente, es negligente o desvalido. Muy parecido al padre en el cuento de Blancanieves, ha cedido su poder a alguien (la madrastra malvada) o a algo. A causa de esta debilidad o pérdida, el padre de Cenicienta ya no puede protegerla ni proveer para ella, y la crueldad y la injusticia campean a sus anchas sin control.

Cenicienta es una hija sin madre, oprimida, rechazada, y a menudo degradada a ser una esclava en su propio hogar. Es desplazada, y aquellos que podrían ser buenos con ella deciden, en cambio, ser mezquinos. En su mayor parte, este dominio está en manos de una madrastra malvada y su hija o hijas. Hay un cuento que implica a hermanas mayores celosas que son quienes acosan, y otro en el que el abuelo oprime a su nieta huérfana. Pero en la mayoría de las historias es una madrastra malvada.

La madrastra malvada es la antítesis de todas las cosas que son maternidad. No hay nada en ella que alimente o proteja; es ambiciosa y cruel hasta el extremo. Aunque este cuento de hadas hace de la maternidad un asunto de biología, la maternidad es un asunto del corazón. Hay madrastras asombrosas que aman y cuidan a sus hijastros como si fueran propios; son madres en todos los sentidos de la palabra. Las verdaderas madres, ya sean adoptivas, madrastras, o por nacimiento, quieren que sus hijos e hijas se desarrollen y prosperen. Todo en su vida trabaja hacia la meta de ver a sus hijos avanzar más de lo que ellas han avanzado. *Por el contrario,* las madrastras *malvadas* (¡y el énfasis aquí está en malvadas!) utilizan a sus hijos para avanzar sus propias agendas. Aunque la madrastra malvada quiere hacer daño a Cenicienta, en realidad se convierte en un agente de su transformación. Cenicienta siempre ha sido hermosa exteriormente, pero su respuesta al maltrato entreteje una fuerza interior profunda y permanente que sobrepasa incluso a su belleza.

Cenicienta siempre se representa como una marginada vestida con harapos, cuyo aspecto exterior de pobreza traiciona su riqueza de espíritu. Ella es consistentemente amable y desprendida en contraste con sus hermanastras y su madrastra, quienes son egocéntricas, desagradables y a veces crueles. Cenicienta sueña con más, pero no está dispuesta a volverse como ellas para conseguirlo.

En las muchas historias, si Cenicienta tiene zapatos especiales se las arregla para dejar atrás uno de ellos. Estos zapatos están hechos de diversos materiales considerados únicos o valiosos en la cultura de la historia; mágicamente están hechos de oro y cristal, o tejidos con seda y piel.

En cada uno de los cuentos, Cenicienta se levanta desde las cenizas de la desesperación hasta una posición de influencia. En algunos relatos se gana el amor de un príncipe; en otros, es el amor de un rey; y en algunos, Cenicienta se convierte en su propio héroe. En cada cuento son su bondad, inocencia y compasión las cosas recompensadas.

Para simplificar el relato, voy a quedarme con la versión occidental que nos resulta familiar a la mayoría de nosotros.

Debido a la muerte de su madre, el padre de Cenicienta se ha vuelto a casar. No pasa mucho tiempo antes de que Cenicienta se convierta en la esclava de su madrastra malvada y sus hermanastras. Ella es alejada de cualquier parecido de familia, y es tratada peor que una sirvienta. Trabaja hasta el punto del agotamiento durante el día y se sienta al lado del fuego de la chimenea manchada de cenizas para calentarse en la noche, de ahí el nombre de Cenicienta. Su espíritu permanece inquebrantable mientras ella se niega a permitir que la crueldad la manche. Es consistentemente buena con todos.

Pasa el tiempo, y se organiza un baile real para que el príncipe pueda encontrar a su novia. Son invitadas todas las mujeres del reino, pero a Cenicienta se le prohíbe asistir. Sus hermanastras se burlan hasta de la idea de que Cenicienta imagine que podría asistir al baile. Aun así, hace que sus hermanas luzcan todo lo hermosas posible, sabiendo que ella quedará atrás.

No se queja en presencia de ellas.

No hace que ellas se vean feas.

No dice que es injusto.

No les roba su alegría.

Ella les sirve.

Cuando piensa que está sola… llora.

Y es entonces cuando todo cambia.

Su hada madrina entra en la historia y transforma lo ordinario de Cenicienta en lo extraordinario. Una calabaza se convierte en un carruaje, seis ratones se convierten en hermosos caballos, una rata grande se convierte en cierto tipo de conductor, y lagartijas comunes son transformadas en sirvientes espléndidamente vestidos.

Todo está preparado, pero nuestra muchacha no tiene nada que ponerse. Con un toque de su varita mágica, el hada madrina transforma los harapos de Cenicienta en un vestido esplendoroso. Y, sin duda, ¿quién podría olvidar los zapatos relucientes de cristal? Abrumada por la emoción, Cenicienta se sube al carruaje; pero antes de partir, su hada madrina le advierte que a la medianoche todo volverá a ser como era, y la magia quedará perdida.

> Ahijada valiente, no pases por alto el hecho de que lo extraordinario se oculta en el interior de cómo manejamos lo ordinario.

Cenicienta pierde la noción del tiempo y también uno de los zapatos, que el príncipe encuentra. Se organiza una búsqueda; el príncipe está decidido a casarse con la muchacha a quien pertenezca el zapato de cristal. A Cenicienta le encaja a la perfección. El hada madrina regresa y viste a su ahijada incluso con más magnificencia que antes. Las hermanastras se dan cuenta de su terrible error, se postran a sus pies y le ruegan su perdón. Cenicienta les perdona, encuentra hombres de la corte para que se casen con ellas, y no hace falta decir que el príncipe y ella se casan y viven felices para siempre. El autor de la versión francesa, Charles Perrault, termina su historia de Cenicienta con una moraleja: "El regalo de mayor valor de las hadas es gracia en el porte, no una alta cuna. Sin este regalo nos perderemos el premio; la posesión nos da alas para elevarnos".

Ahijada valiente, no pases por alto el hecho de que lo extraordinario se oculta en el interior de cómo manejamos lo ordinario.

Eso es precisamente lo que nos dice Pablo:

> De modo que esto es lo que quiero que hagan, con la ayuda de Dios: tomen su vida cotidiana y ordinaria, dormir, comer, ir al trabajo, y preséntenla delante de Dios como una ofrenda. Abrazar lo que Dios hace por ustedes es lo mejor que pueden hacer por Él.
>
> (Romanos 12:1, MSG, traducción libre)

Dios no nos pide lo extraordinario, pues eso es lo que Él hace. Nos pide lo ordinario. Cuando somos fieles en lo que otros podrían llamar trivial, sucede lo extraordinario. No te confundas por las maneras de la madrastra y las hermanastras. Ellas descuidaron lo ordinario en busca de lo extraordinario. Hay un tesoro en tu día a día.

Nunca estaremos equivocadas al ser buenas y amables. Cenicienta estaba de camino a llegar a ser una princesa mucho tiempo antes de casarse con el príncipe. Aprendamos de ella; cada respuesta misericordiosa y cada acto de bondad se convirtieron en otra capa de adorno. La varita mágica del hada madrina meramente reveló el vestido que Cenicienta había llevado puesto mediante su benevolencia y calidez constantes. Esas son las decisiones que nos dan…

Alas para elevarnos por encima de la mezquindad.

Alas para elevarnos por encima de los celos.

Alas para elevarnos por encima del maltrato y la tragedia, y terminar bien.

La adversidad fue el viento que a ella le enseñó a volar.

Incluso cuando somos tratadas como hijastras rechazadas, tenemos la capacidad de responder como hijas de un Rey. Creo que nos encanta la historia de Cenicienta porque hace mucho tiempo fuimos invitadas a una celebración de la realeza que dará inicio a nuestro "feliz para siempre". Incluso ahora se está tejiendo tu vestido y se está preparando tu lugar. El Príncipe te ha encontrado y ha abierto de par en par las puertas de bienvenida.

> Alegrémonos y llenémonos de gozo
> y démosle honor a él,
> porque el tiempo ha llegado para la boda del Cordero,
> y su novia se ha preparado.
> A ella se le ha concedido vestirse del lino blanco y puro
> de la más alta calidad.
> Pues el lino de la más alta calidad representa las buenas acciones del pueblo santo de Dios.
> (Apocalipsis 19:7-8, NTV)

Es el Señor quien nos viste y su justicia la que nos rodea. Creo que es justo decir que su piedad tejió nuestro vestido.

Y hablemos ahora un poco más sobre el papel de este maravilloso zapato. El zapato fue el objeto *tangible* que destacó a Cenicienta de todas las otras mujeres en el salón. Fue el objeto físico que representaba la bondad y amabilidad ocultas de su espíritu. El zapato era algo creado de modo único para ella y que le fue regalado. No había ninguna otra joven en el salón que tuviera lo que ella tenía, y ninguna otra podía ponerse su zapato o arrebatárselo. Esta revelación le dio a Cenicienta una sensación de paz indestructible cuando todas las otras señoritas en el reino se lo estaban probando.

El zapato fue el único objeto de su traje que no regresó a su forma original. Quizá Cenicienta iba descalza cuando su hada madrina apareció, o tal vez el zapato simplemente reflejaba su caminar, que siempre era transparente y consistentemente reluciente. Cualquiera que fuera la razón, el zapato se convirtió en su identificador. Fue el dispositivo de seguimiento que condujo al príncipe otra vez a ella. Ambos eran inseparables; Cenicienta y su zapato eran uno, y lo mismo en la mente de su pretendiente de la realeza. Él sabía que donde encontrara a la dueña del zapato, encontraría a su novia.

El zapato era el símbolo o señal de que había más en nuestra señorita de leyenda de lo que se veía a primera vista. Para explicarlo, regresaré de nuevo a los tiempos en que yo estudiaba francés en la secundaria. Hay una frase en francés que cada mujer debería vivir, incluso si le resulta difícil de pronunciar. Las palabras son *je ne sais quoi*. Significa literalmente "no sé qué". Esa frase se utiliza para describir lo que resulta atractivo sobre alguien o algo y que resulta difícil expresar con palabras. Cenicienta tenía cierto *je ne sais quoi ("un no sé qué")*.

Virtud es el atributo que entreteje conjuntamente todo lo que es justo, valiente, éticamente superior, honorable y digno de mérito.

En nuestra época, este *yo no sé qué* puede ser algo tan sencillo como el lujo cada vez menos frecuente conocido como virtud y bondad femenina. Virtud se define mejor como excelencia moral. Virtud es el atributo que entreteje conjuntamente todo lo que es justo, valiente, éticamente superior, honorable y digno de mérito. Lo contrario de virtud es cobardía, maldad y vicio.

Los abusadores son cobardes secretamente. Su opresión a otros es una forma de autoprotección. Impulsados por el temor, operan en el conocimiento del reino de las tinieblas y no pueden entender que, en última instancia, nos elevamos al levantar a otros y comenzamos a caer cuando los oprimimos. El oscuro acoso de la madrastra malvada solamente sirvió para destacar la luz en el interior de Cenicienta. La madrastra fue el horno que produjo oro en la vida de Cenicienta.

Como Cenicienta era buena, hacía el bien. En este cuento, su virtud se expresaba más obviamente en su bondad. La bondad actúa como una llave que abre personas y circunstancias. En la película de Cenicienta más reciente, su madre le dijo: "ten valentía *y* sé buena". Cada vez más y más parece que será necesaria la valentía *para* ser buenos.

La mayoría de nosotras nunca tendremos un zapato de cristal de verdad que declare que hay algo más en nosotras, pero todas podemos desarrollar virtud y bondad. Como nuestro Príncipe es todo bondad, somos empoderadas para hacer el bien. Hemos sido selladas con un regalo que es santo. Comportémonos como tales. Porque es confuso cuando las hijas de la realeza se comportan como hermanastras avariciosas y competitivas.

El Espíritu Santo es el consejero enviado para transformarnos en lo que somos realmente. No entristezcamos a Aquel que nos empodera. La virtud no es algo que nos ponemos y nos quitamos. Este regalo no puede comprarse ni robarse, y es mayor que cualquier bendición mágica que pudiera otorgarnos un hada madrina. Nuestro regalo viene de nuestro Príncipe. Su regalo está vivo en nuestro interior (ver 1 Juan 2:27). Tenemos una medida del Espíritu Santo del Príncipe en nuestro interior. Es nuestra fianza de bienvenida al otro lado de este dolor.

LA HISTORIA ORIGINAL

Si el cuento de Cenicienta refleja nuestro tiempo en el Edén (ascenso), nuestra trágica expulsión a medianoche (caída), y la promesa redentora de bienvenida a un reino eterno (ascenso), entonces visitemos nuestros orígenes en Génesis en forma de cuento de hadas.

Había una vez un príncipe inmortal magnífico que reflejaba la imagen de su glorioso Creador. Las palabras del Creador estaban vivas con poder; cada sonido que Él soplaba formaba algo de la nada. El Creador era el Padre de Luz, todo bondad, que hace mucho tiempo expulsó al ángel oscuro de su reino.

Él plantó un huerto para el príncipe, y lo llenó de árboles que eran hermosos y útiles para comer. En el centro de esta arboleda había dos árboles de poder: el árbol de la vida y el árbol del conocimiento del bien y del mal. El Creador advirtió al príncipe que el fruto del árbol del conocimiento del bien y del mal le arrebataría la vida y lo situaría bajo el dominio de la sombra de muerte.

Al príncipe se le dio la tarea de cuidar de este reino de maravilla. Cada día producía una revelación nueva de la bondad del Creador. Pero algo no iba bien. El príncipe estaba solo. Dios creó a una mujer para que fuera su compañera y colaboradora. Ella era perfectamente como él y a la vez singularmente diferente. Vivían juntos en la maravilla inmaculada de un ámbito sin muerte ni tiempo.

Un día, se acercó una serpiente al hombre y la mujer. Matizó las palabras del Creador hasta que sus mentiras sonaban como verdad. Ellos comieron del fruto, y todo cambió.

Un velo de luz cayó de sus ojos, y se hizo obvia su desnudez. Encadenados por la consciencia de sí mismos, formaron delantales para cubrir su vergüenza. Cuando oyeron que el Creador los llamaba… se escondieron.

El Creador reconoció sombras en sus hijos de luz. Él sabía que, por causa de ellos, no podían permanecer en la presencia del árbol de la vida. Tenían que irse.

La serpiente fue maldita y reducida a la forma más baja de una culebra. La tierra perdió cierta medida de productividad; ahora el hombre tendría que trabajar para producir el fruto que antes simplemente había cuidado. Pero para mí, la pérdida de la mujer es la más desgarradora. Ella amará y, sin embargo, será a cambio oprimida y gobernada, y dará a luz hijos con dolor multiplicado. Y, sin embargo, escondida dentro de toda esa pérdida había una promesa:

> Y pondré enemistad entre ti y la mujer, y entre tu simiente y la simiente suya; ésta te herirá en la cabeza, y tú le herirás en el calcañar. (Génesis 3:15)

Dos cosas son obvias inmediatamente: la realidad de la enemistad, y la promesa de esperanza al otro lado. Llegaría el día en el que su simiente prevalecería. Se prometió dolor, pero el dolor no era la promesa. La vida era la promesa. Había un legado de esperanza en su futuro. A su tiempo, la sombra de muerte comenzaría a dar lugar al Príncipe de Luz.

Su dominio había caído en dominación, el orden de la creación estaba destinado al caos, y la multiplicación del Edén se convirtió en división a medida que la vida interminable se postraba ante la muerte.

LA PRESENCIA DE DRAGONES

> Simplemente no vale la pena relatar una aventura si no hay ningún dragón en ella. —Sarah Ban Breathnach[4]

Esta es una cita que preferiría no tener como realidad. Pero ahí está. Ahijada, hemos sido entretejidas para tal aventura. Hace mucho tiempo atrás, se puso en movimiento una guerra especial entre los hijos de Dios y un dragón. Aunque nuestro relato es antiguo, encontramos la destrucción del dragón en la actualidad.

Eva dejó atrás una serpiente en el huerto, sin saber que llegaría el día en que sus descendientes se enfrentarían a un dragón enojado. Pasó el tiempo. La serpiente aumentó en odio y se convirtió en un dragón, y la mujer se convirtió en un pueblo de fortaleza llamado Israel.

En cumplimiento de su promesa, el Creador envió a otro Príncipe. La descendencia prometida de la mujer: el Hijo unigénito de Dios. Aquel destinado a aplastar la cabeza de la gran serpiente. Ahora bien, ¿qué hay acerca de ese dragón? ¿Quién es?

El nombre verdadero del dragón es Satanás, antes llamado Lucifer, hasta que su orgullo y su avaricia lo destruyeron. El dragón representa su naturaleza más que su forma. Es el gobernador del reino de las sombras, el padre de mentiras, un ladrón, asesino y destructor. Es aquel que acusa (tanto a varones como a mujeres) en un intento de avergonzarnos para que caigamos en la complacencia. Su lenguaje es una red de calumnia, comparación, competición, distorsiones y división, con una sola meta: engañar. Pero él no es el igual de Dios. C. S. Lewis explicaba: "Satanás, el líder o dictador de diablos, es el contrario no de Dios, sino de Miguel".[5]

Cuando leo el relato de Génesis y veo los reportes de nuestro mundo, parece que nuestro mundo está más quebrado que nunca. En lugar de un ascenso, parece que estamos preparados para otro golpe a la medianoche. El trabajo de Satanás nos rodea. Vemos su sombra en forma de guerras, racismo, celos, avaricia, ambición egoísta, prácticas viles y perversas, tráfico sexual, pornografía, misoginia, misandria (el odio hacia los varones), aborto y prácticas ocultistas. Estas cosas y muchas otras han inundado nuestra tierra en un intento de abrumar al pueblo de Dios.

> Y la serpiente arrojó de su boca, tras la mujer, agua como un río, para que fuese arrastrada por el río. Pero la tierra ayudó a la mujer, pues la tierra abrió su boca y tragó el río que el dragón había echado de su boca.
> (Apocalipsis 12:15-16)

La tierra misma interviene y evita esta destrucción, porque toda la creación está esperando y observando, deseosa de una revelación de los hijos e hijas de Dios. La creación sabe que nosotros somos los guardianes legítimos, incluso si lo hemos olvidado.

> Entonces el dragón se llenó de ira contra la mujer; y se fue a hacer guerra contra el resto de la descendencia de ella, los que guardan los mandamientos de Dios y tienen el testimonio de Jesucristo. (Apocalipsis 12:17)

La mujer, Eva, se convirtió en Israel, de quien llegó una virgen, María, que dio a luz al Cristo, quien dio a luz a su novia en la cruz cuando el costado del segundo Adán fue abierto. Nosotros somos esa novia, aquellos que guardamos sus mandamientos y nos aferramos al testimonio de Jesús.

Este dragón personifica el espíritu del anticristo, el cual aborrece a todos los hijos e hijas del Dios Altísimo. Según la visión de Juan en Apocalipsis, parece tener un diseño especial en contra de las mujeres. Una de sus estratagemas es poner a hombres y mujeres en desacuerdo los unos con los otros.

Las cosas, una vez más, vuelven a no ser buenas con Adán y Eva. Cada vez más, los hombres están solos y ahora imaginan que la soledad es mejor. Podría ser que estos hombres se estén escondiendo de Dios. Podría ser que estos hombres se estén escondiendo de su futuro. Podría ser que estos hombres se estén escondiendo de la realidad. En lugar de buscar mujeres que pudieran ayudarlos... me temo que muchos se esconden de nosotras.

Yo he pretendido empoderar a las mujeres durante tres décadas. Deseo ver a mujeres libres de las cadenas del control para que puedan conocer su verdadero valor y ser liberadas de las ataduras de la vergüenza. Entiendo que es importante que aprendan a lidiar con el enojo de maneras constructivas y recuperar el poder de su virtud. Quiero que sepan cómo podría verse pelear como mujeres a la vez que alimentan y se levantan como una leona. Quiero ver a mujeres con espadas aceptando una identidad sin rival, mujeres en una verdad firme e inamovible.

Hemos experimentado un renacimiento noble; ahora Él busca mujeres de carácter noble.

En muchos aspectos y en muchos lugares, esto ha sucedido. Las mujeres son libres para perseguir sus sueños de estudios y carreras profesionales, a lo cual digo: "Bien hecho". Están produciendo películas y dirigiendo empresas. Ocupan asientos en el gobierno. Las mujeres se han elevado con visibilidad e influencia en todos los frentes. Hemos demostrado que somos más que capaces. Pero talento y habilidad no son multiplicadores si carecen de virtud. Dios busca una novia que sea a la vez virtuosa y capaz. Hemos experimentado un renacimiento noble; ahora Él busca mujeres de carácter noble. "*¿Quién podrá encontrar una esposa virtuosa y capaz? Es más preciosa que los rubíes*" (Proverbios 31:10, NTV).

Me temo que Adán está perdido y no sabe cómo encontrar su camino de regreso a casa. No somos nosotras las culpables, pero él necesita nuestra ayuda. Sí, hay quienes dicen que el estado en declive de los hombres es culpa de las mujeres. Su teoría es que a medida que las mujeres ascienden, los hombres quedan desplazados o sustituidos. A mí me parece que esa respuesta es demasiado simplista. Siempre es más fácil culpar que cambiar. No estoy de acuerdo con que la ausencia de hombres es la falta de las hijas. Esta herida es mucho más profunda.

Los hijos de Adán no han sido buenos con las hijas de Eva. Adán y Eva antes eran uno; por lo tanto, cuando los hombres maltratan a las mujeres, inevitablemente se hacen daño a sí mismos. ¿Por cuánto tiempo puede alguien oprimir a otros antes de encontrarse igualmente oprimido? Ha habido demasiado abuso de las mujeres por demasiado tiempo. Este abuso no está aislado en los países en desarrollo; sucede en tu mismo barrio. Las mujeres han sido abusadas en congregaciones religiosas y también en sus lugares de trabajo.

El índice de padres que descuidan y abandonan a sus hijos ha ascendido hasta niveles alarmantes en toda la nación, y se calcula que un 80 por ciento de todos los hogares con un solo cónyuge son dirigidos por madres.[6] Cuando los hombres descuidan a sus familias, las mujeres no tienen otra opción sino la de pasar al frente y cubrir la necesidad ellas mismas. Yo creo que las mujeres fuertes tienen la capacidad de hacer que los hombres fuertes sean más fuertes todavía. Igual que creo que los hombres fuertes hacen más fuertes a las mujeres. Es el débil en ambos géneros quien oprime y culpa. He oído decir que cuando las mujeres actúan como hombres, los hombres actúan como muchachos. Pero me pregunto si lo contrario no es una afirmación más cierta. Cuando los hombres actúan como muchachos, las mujeres actúan como hombres... porque sienten que tienen que hacerlo. Las mujeres, que antes fueron pisoteadas, se han levantado. Y levantarse es bueno.

Al habernos levantado, ¿qué hacemos? ¿Maltratamos a quienes nos maltrataron a nosotras? Somos capaces de hacer eso como mujeres, pero no es una opción si somos virtuosas. Dios entretejió al varón y la hembra tan íntimamente que lo que libera a uno, libera al otro. Lo que ata a uno, finalmente ata al otro. Los hombres se hacen daño a sí mismos cuando tratan lo que Dios llamó bueno como si no lo fuera. Y lo mismo es cierto para las mujeres.

Las preguntas que habrá que responder son: ¿Podemos ayudar? ¿Permanece todavía nuestro propósito original de ser ayuda idónea? ¿Sigue siendo eso parte de nuestro destino? ¿Nos levantamos como agentes de sanidad para aquellos que nos han hecho tanto daño? Ahora que hemos encontrado nuestra voz, ¿cómo la utilizaremos? ¿Será con sabiduría y bondad, o la limitaremos a un clamor pidiendo venganza? ¿Puede lo que no es bueno ser hecho bueno otra vez? Yo creo que la respuesta de Dios es sí.

El odio no sanará a las mujeres más de lo que ha sanado a los hombres. Cuando las personas son empoderadas, pero no se les da propósito, existe el riesgo de que su poder sea usado mal. Las hijas de Eva han encontrado sus voces; usémoslas para denunciar lo que está mal, y después levantemos nuestras voces, varones y hembras, para trabajar juntos y enderezar las cosas.

El zapato de cristal era el recordatorio tangible de Cenicienta de que su transformación no había sido un sueño. Las hijas que llevan zapatos de cristal deben aprender a pisar con ligereza. No demos fuertes pisotones con nuestros pies sintiendo enojo y destruyamos lo que nos eleva. Es arriesgado limpiar cristales rotos, y no queremos dejar atrás pedazos de cristal que harían daño a los hijos e hijas que siguen nuestros pasos.

En la lucha por los derechos que Dios nos dio, no aceptemos lo equivocado. No hay razón alguna para demandar de otros lo que ya es nuestro. Es el momento de simplemente caminar en ello. Me resultó intrigante este siguiente pasaje:

> En la lucha por los derechos que Dios nos dio, no aceptemos lo equivocado.

> ¿Hasta cuándo andarás errante, oh, hija contumaz? Porque Jehová creará una cosa nueva sobre la tierra: la mujer rodeará al varón. (Jeremías 31:22)

Todos los comentarios que he leído están de acuerdo en que la última frase es un misterio. Un comentario sobre Jeremías 31:22 dice: "El poema de Raquel termina con una frase enigmática. Dios promete a la 'hija infiel', Israel, crear 'una cosa nueva sobre la tierra: la mujer rodeará al varón' (31:22). Traducido literalmente, la segunda frase dice: 'una mujer rodea a un guerrero', pero su significado para el poema no es claro".[7]

Cuando cierro los ojos, veo a un guerrero sentado y rodeado por los brazos de una mujer. Ella está a sus espaldas, susurrando en su oído, recordándole que es un príncipe y que los dragones son reales. Ella lo rodea para recordar una vez más que juntos tienen el poder del dominio para hacer que lo que no es bueno… vuelva a ser bueno.

Nos queda mucho trabajo por hacer, y no va a producirse a menos que lo hagamos juntos: hombres y mujeres. Pero por ahora, comencemos con nosotras. Las mujeres deberían ser siempre defensoras unas de las otras, pero nunca a expensas de los hombres. Tampoco a expensas de nosotras mismas. Abramos nuestro tesoro femenino y saquemos de él el regalo poderoso de alimentar, a fin de declarar palabras de vida que tienen el poder de edificar.

Sin embargo, no somos de quienes son lo bastante necias para imaginar que podemos obtener nuestro valor las unas de las otras. Nuestro valor no puede ser robado por nadie llamado varón o hembra. Nuestro valor viene de una fuente superior, una que es a la vez invisible e invencible.

Porque fuiste creada a imagen de Dios. Y Él no dejó nada inacabado. El segundo ascenso en la historia más antigua de la tierra se ha producido. Nosotros caímos, pero Él se levantó. Y nos ha ofrecido nuestra identidad más verdadera en el proceso:

> Porque somos hechura suya, creados en Cristo Jesús para buenas obras, las cuales Dios preparó de antemano para que anduviésemos en ellas. (Efesios 2:10)

PARA ROMPER EL HIELO

¿Crees que todavía permanece el mandato para las mujeres de ayudar a tomar lo que no es bueno (hombres solos) y hacerlo bueno?

Enumera algunos atributos *je ne sais quoi* que ves en el género femenino.

¿Cuáles son algunas maneras en que las mujeres están dando pisotones con sus pies con zapatos de cristal?

Diez

La brecha de género

De todos los hombres malos, los hombres malos religiosos son los peores.
—C. S. Lewis

Siempre recordaré la primera vez que hablé a una audiencia de ambos géneros. Yo no pedí hablar y, por supuesto, no quería hablar en ninguna reunión, especialmente si estaba compuesta por hombres y mujeres. Quien pensó que eso sería una buena idea fue mi esposo. Yo estaba embarazada de nuestro segundo hijo, y John trabajaba como pastor de universitarios y profesionales. John tenía programado un viaje misionero, lo cual significaba que no podría estar en la reunión de un martes por la noche. Esto nunca había sido un problema en el pasado porque los pastores de estudiantes de secundaria siempre tenían ganas de sustituirlo.

Cuando me dio la noticia, le rogué que lo reconsiderara. Le cité a John todos los versículos que se habían usado alguna vez para invalidar a las mujeres como ministros. Saqué el tema de cubrirse la cabeza, usurpar la autoridad, y que las mujeres debían guardar silencio. John me explicó que era imposible que yo usurpara su autoridad si él era quien me estaba pidiendo que hablara y el pastor principal lo había aprobado. Y con respecto al asunto de cubrirme la cabeza y guardar silencio, no estaba de acuerdo con mi interpretación. Incluso le pedí al pastor de los jóvenes de secundaria que hablara en mi lugar, pero John ya había hablado con él, así que se rehusó. Cuando mi esposo decide en su mente algo que cree que es de Dios, es imposible sacarlo de ahí.

Mi siguiente paso fue desafiar a John. Le dejé saber que mi respuesta era que no lo haría. A fin de cuentas, yo no estaba en la plantilla de personal y tenía el mismo derecho que cualquiera a decir no. Fue entonces cuando él me acorraló y me preguntó si eso era lo que Dios me estaba pidiendo que hiciera.

En ese momento, ¡no tenía ni idea de lo que Dios me estaba diciendo! Solo sabía que estaba aterrada. Sabía que no tenía ningún deseo de hablar a ese grupo, y estaba bastante segura de que aquellas personas estarían bien si no me oían. El reto era –y sentí eso en mi tiempo de estudio bíblico– que Dios había destacado un posible pasaje sobre el que podía hablar. Pero yo seguía echándome para atrás.

En lugar de anunciar quién iba a hablar, John les dijo a todos que habría un orador invitado misterioso en unas semanas. Eso me funcionó porque significaba que aún existía la posibilidad de que yo no tuviera que hablar. Estaba en agonía mientras batallaba para poder responder verazmente a la pregunta de John. Intentaba decidir qué era peor, decirle no a mi esposo o desobedecer a Dios.

Finalmente, cedí. Después de todo, la mayoría de las personas habían estado en nuestro grupo de jóvenes durante dos años. Todos ellos me conocían. John grabó un video que se iba a mostrar para anunciarme antes de que yo pasara al frente. La noche que tenía que hablar yo estaba en la parte trasera… sudando. No pude evitar darme cuenta de que la idea de John de un orador invitado misterioso había creado bastante interés. Esto supuso que llegaran muchos más visitantes de lo habitual a nuestro grupo. A medida que terminaba la adoración, todo mi cuerpo quedó presa del pánico. Tras dar la bienvenida a todos, uno de nuestros líderes hizo algunos anuncios, y después le dio al botón *play* en el video. Apareció el rostro de mi apuesto esposo. Estaba muy emocionado de poder presentar a su orador favorito.

Después soltó la bomba de que era su esposa. Por un momento, se podía oír el sonido de un alfiler caer al piso. A este breve silencio le siguió el ruido de sillas de metal que se cerraban y se apilaban en su montón. A medida que personas salían de la sala, miraban hacia mí. Su desaprobación era palpable. Oí a hombres e incluso a algunas mujeres declarar que no se quedarían para escuchar a una mujer. Esperé y observé hasta que la última persona se fue y la puerta se cerró de golpe tras todos ellos.

Según me dirigía hacia el frente de la sala, era evidente que la audiencia se había reducido a más de la mitad. Había lágrimas en mis ojos mientras musitaba que yo también quería irme. Nuestros queridos líderes se quedaron. Hicieron todo lo posible por sonreír, asentir y darme ánimo. Temerosa de cometer algún error teológico, estoy segura de que leí algunos pasajes en voz alta. Durante todo el tiempo que hablé, oí los mismos versículos que había usado con John reproduciéndose en mi mente como acusaciones.

No permito que una mujer predique o enseñe.

Las mujeres deben guardar silencio en la iglesia.

¿Por qué no me cubría la cabeza?

Cuando terminó la reunión, fui rodeada de ánimo. Siempre estaré agradecida por su bondad. En cuanto pude, recogí a nuestro hijo de dos años de la guardería y me fui a casa a acostar al que tenía en mi vientre. Tras acostar a Addison, me apresuré a prepararme. En cuestión de minutos, tras haber apagado la luz, oí a alguien tocando en la ventana de mi cuarto. Me quedé paralizada. Había una valla alrededor de la parte trasera de nuestra casa, pero no había cortinas en las ventanas de nuestro cuarto. Estaba abajo en la oscuridad, sola y vulnerable. Oí al Espíritu Santo susurrar: "Enciende la luz".

Al principio pensé: "No, ¡eso significará que me verán!".

Escuché: "No importa".

Estaba temblando, pero entró en mi corazón cierta medida de valentía. Me levanté de la cama, encendí la luz, tomé el teléfono y llamé a la policía. Después encendí todas las luces exteriores.

Nunca supe quién fue el que pensó que asustar a una mujer embarazada era un buen contraataque por haber predicado. Todo me parecía muy del estilo del Ku Klux Klan. Me crié escuchando historias de cómo el Klan solía recorrer el vecindario de mi padre cuando era pequeño, disparando a los hogares de italianos católicos. La policía usó sus linternas para enseñarme las huellas de los pies por donde quienes quisieron intimidarme habían saltado la valla.

Cuando John regresó a casa, le conté lo que había ocurrido. Le decepcionó oír que tantas personas se habían ido al salir yo. Estaba enojado porque algunos tipos que se llamaban cristianos entraron en su propiedad para asustar a su esposa. Le expliqué que fue demasiado difícil para mí. Que el doble rasero era demasiado extremo. Le aseguré que nunca quería volver a hablar a hombres. Él asintió en señal de acuerdo, y después respondió: "Lo entiendo, pero no puedo dejar que hagas eso, Lisa; hay demasiadas mujeres jóvenes observando".

Aquello sucedió hace más de treinta años atrás.

Es el momento de encender las luces. El día de acobardarse en la oscuridad mientras alguien toca en la ventana de nuestro cuarto se ha terminado. Sé que te estoy pidiendo que hagas algo duro, valiente, y sería más fácil no hacerlo. Por favor, no lo hagas. Que nos echemos atrás no ha hecho bien a nadie.

Las hijas de Dios han despertado, y ya no guardarán silencio por ser avergonzadas. No somos mujeres paganas ignorantes de la Biblia. Somos mujeres temerosas de Dios, inteligentes y piadosas, que entendemos la Biblia lo suficientemente bien para reconocer la mala teología cuando la oímos y la vemos. Ha llegado el tiempo de cerrar la brecha de género. Si no lo hacemos, continuará aumentando, dejando a nuestros hijos e hijas vulnerables a un gran riesgo. En lugar de quejarnos de nuestro género, creo que es el tiempo de entender lo que hay expresado en él.

> Dios creó a la mujer como una respuesta para ser aceptada y no como un problema que hay que controlar.

Amada, por favor escúchame:

La mujer es bella.

La mujer es un designio asignado por Dios y un regalo.

No pienses ni por un segundo que la mujer fue una ocurrencia tardía.

Ella siempre fue parte del diseño divino de la creación.

Desde el principio, Dios creó a la mujer como una respuesta para ser aceptada y no como un problema que hay que controlar.

Tanto el varón como la hembra fueron creados a imagen de Dios.

Dios creó a los hombres para reflejar su gloria.

El varón y la hembra fueron entretejidos como una unión de poder.

Dios no nos habría dado una voz si hubiera querido que guardáramos silencio los unos delante de los otros.

Deberíamos usar nuestras voces para atacar al verdadero enemigo (Satanás, el padre de toda mentira) en lugar de acusarnos y atacarnos unos a otros.

Estamos en una guerra en la que el hombre y la mujer son aliados íntimos en vez de enemigos (pero nos estamos tratando como enemigos).

El enemigo nos divide con la esperanza de que usemos nuestras fortalezas unos contra otros.

Nuestro mal uso del dominio dado por Dios pesa mucho sobre la creación, la familia y los matrimonios.

LA BRECHA DE GÉNESIS

Incluso *antes* de la caída de la humanidad había una brecha. La vulnerabilidad del hombre quedó descubierta entre la maravilla de la creación.

> Y dijo Jehová Dios: No es bueno que el hombre esté solo; le haré ayuda idónea para él. (Génesis 2:18)

Es la primera vez que vemos el uso de la frase *no es bueno*. La creación era perfecta, Dios estaba presente y, sin embargo, faltaba alguien. No era que estuviera presente algo malo, sino que faltaba algo bueno. Mi nuera Juli hace unos postres asombrosos para mi esposo. Si tuviéramos una cena familiar y a Juli se le olvidara el postre, John pensaría: *Esto no es bueno.* Él estaría feliz con la comida que hay en la mesa, pero el hecho de que nos faltara el postre se traduciría en que la cena no es buena. Sería la situación lo que no era bueno. Adán no era malo; el hecho de que le faltaba alguien que encajara con él no era bueno.

Este hombre que fue creado a imagen de Dios no tenía a nadie que reflejara la de él. Para rectificar esto, Dios le confió a Adán la responsabilidad de poner nombre a todos los animales.

> Jehová Dios formó, pues, de la tierra toda bestia del campo, y toda ave de los cielos, y las trajo a Adán para que viese cómo las había de llamar; y todo lo que Adán llamó a los animales vivientes, ese es su nombre.
>
> (Génesis 2:19)

Estamos tan aislados y retirados de la vasta mayoría de la creación, que ni siquiera estoy segura de que podamos captar la magnitud y el asombro de este desfile de animales. Los científicos calculan que hay actualmente unos 6,5 millones de especies de animales terrestres en la tierra. Esto no incluye a los más de 950 000 insectos o toda la vida acuática.[1] Si Adán hubiera tardado diez segundos en nombrar a cada animal, entonces este proceso habría tomado un poco más de dos años. Si el proceso de darles nombres le hubiera tomado diez minutos por animal, entonces habría sido de más de 123 años según medimos nosotros el tiempo.

Esta no fue una tarea pequeña, y no me imagino que fuera algo precipitado. Para dar nombre a algo, imagino que hubo algo de interacción. Con cada uno de nuestros hijos, John y yo escogimos unas cuantas opciones de nombres, pero no fue hasta que los tuvimos en nuestros brazos y los miramos detenidamente a los ojos que supimos cuál sería su nombre definitivo. Poner nombre es una forma de decir que algo pertenece, porque el nombre se convierte en uno con su portador.

Y me maravillo de cuán inteligente debió haber sido este primer hombre. Solamente el hecho de poder acordarse de tantos nombres es abrumador.

> Y puso Adán nombre a toda bestia y ave de los cielos y a todo ganado del campo; mas para ***Adán no se halló ayuda idónea para él.*** (Génesis 2:20, énfasis añadido)

Imagínate cómo sería aquello. Adán estuvo en contacto con un animal tras otro, bestia tras bestia y ave tras ave. Vio que cada criatura tenía su par con su media naranja, otro que había sido creado y que encajaba con él, pero para Adán no había ninguno. El encuentro con la serpiente sugiere que Adán y Eva tenían la capacidad de interactuar con las criaturas. Adán era el guardián y amo de todo, pero la brecha (su anhelo, la brecha que no era buena) aún permanecía. Le faltaba la relación clave que desataría su vida.

> Adán no sabía lo que necesitaba;
> solo sabía que tenía una necesidad.

Adán no sabía lo que necesitaba; solo sabía que tenía una necesidad. Y como le sucedía a Adán, nos sucede también a nosotros. Todos tenemos una conciencia innata de que hay algo más. Incluso ahora vemos a través de una niebla temporal, esperando ver algún destello de cómo nos ve nuestro Novio. Primera de Corintios 13:12 describe esta dinámica: "Ahora vemos por espejo, oscuramente; mas entonces veremos cara a cara. Ahora conozco en parte; pero entonces conoceré como fui conocido".

Las brechas y anhelos que son profundos en nuestro interior, nunca se satisfacen con algo fuera de nosotros. Adán necesitaba alguien que encajara con él.

> Entonces Jehová Dios hizo caer sueño profundo sobre Adán, y mientras éste dormía, tomó una de sus costillas, y cerró la carne en su lugar. Y de la costilla que Jehová Dios tomó del hombre, hizo una mujer, y la trajo al hombre. (Génesis 2:21-22)

La semilla de Eva estaba en los tuétanos del hombre. La ciencia sugiere que la médula ósea contiene células madre que se pueden usar para regenerar el tejido y los órganos humanos.[2] Eva no fue un clon de Adán; fue su *otro* más íntimo. Igual a él, pero particularmente distinta a él. La mujer es el reflejo más hermoso de toda carencia del hombre. Juntos, su fuerza se perfecciona. El uno (Adán) se convirtió en dos (hombre y mujer) para que los dos pudieran convertirse en uno de nuevo.

Quiero hablar de algo sobre lo que escribí hace más de una década en mi libro *Fight Like a Girl*: "Las diferencias en nuestros géneros tenían la intención de hacernos uno. Así como *no era bueno* que Adán estuviera solo, tampoco era bueno que la mujer permaneciera oculta dentro del hombre. La mujer era una incorporación necesaria a la creación".[3]

LUCHANDO CONTRA LA MALA TEOLOGÍA

¿Cómo se ha torcido la imagen del varón y de la mujer hasta convertirse en una versión irreconocible de su anterior belleza y fuerza? Hay muchas respuestas para esta pregunta. La cultura y el miedo nos han separado. La religión malintencionada acusa a las mujeres y las sitúa de nuevo bajo la maldición de la caída. El entretenimiento ha convertido a los géneros en un deporte, enfrentándolos entre sí. Esta brecha de género es muy profunda y llega hasta el Edén. Con ese tipo de bagaje, es fácil olvidar que en un tiempo éramos uno.

En *How It All Began* (Cómo empezó todo), Bob Utley señala la afirmación de Walter Kaiser acerca de que la traducción de una ayudadora en Génesis significa una que encaja para ser "un poder (o fuerza) que se corresponde con el hombre (o igual al hombre)".[4] Si esta afirmación es correcta, explicaría por qué la mujer fue coheredera y portadora de la imagen y, como tal, compartía con el hombre poder o dominio sobre la creación. Ella lo reflejaba a él en su capacidad de pensar y comunicar. Sabemos que en las formas más externas, los hombres son físicamente más fuertes que las mujeres. Esto es para que los hombres protejan a las mujeres y a los niños. Sin embargo, es interesante que el músculo más fuerte del cuerpo humano, según el peso, pertenece exclusivamente a la mujer... es el vientre o el útero.

"Un útero dando a luz ejerce una presión increíble para empujar a un bebé y traerlo al mundo, y es la fuerza más fuerte ejercida por cualquier músculo del cuerpo".[5] Este es un ejemplo de cómo las mujeres son iguales en fuerza, pero muy distintas a los hombres. Fortalezas distintas no significa desigualdad; es una de las muchas razones por las que el varón y la mujer ayudan a llenar los huecos del otro.

Para recordar quiénes somos, tenemos que luchar contra la vergüenza que viene con la mala teología. Por ejemplo, cuando lees el siguiente intercambio, ¿qué piensas y sientes?

> Mientras él decía estas cosas, una mujer de entre la multitud levantó la voz y le dijo: Bienaventurado el

> vientre que te trajo, y los senos que mamaste. Y él dijo: Antes bienaventurados los que oyen la palabra de Dios, y la guardan. (Lucas 11:27-28)

¿Estaba Jesús callando o corrigiendo a esta mujer por levantar su voz? ¿Quiso dar a entender que lo que María, su madre, hizo no fue importante?

Durante años leía estos versículos con indicaciones de todo lo anterior. Cuando te avergüenzan repetidamente por tu género, esa vergüenza afecta hasta la forma en que lees las Escrituras. Si te han enseñado que las mujeres son un problema que hay que controlar, así es como leerás este pasaje.

Cuando mi alma femenina fue sanada, dejé de oír las palabras de Jesús en este pasaje como un intento de poner a la mujer de la multitud en su lugar o de silenciarla. En cambio, oí una invitación. La bendición de la obediencia está abierta para todos. No está limitada a María, la única mujer que lo llevó y nutrió... está disponible para todas las mujeres que oyen la Palabra de Dios y la guardan. Con esta frase, Jesús abrió de par en par la puerta diciendo que todas las mujeres podían ser benditas al margen de que fueran estériles o estuvieran rodeadas de hijos. Cuando somos esas mujeres que no solo oímos la Palabra, sino que también permitimos que cobre vida en nosotras, personas nacen de nuevo. La obediencia abre una puerta para todos nosotros, varones y mujeres por igual.

Recientemente ha habido una resurrección de la discusión sobre cubrirse la cabeza. Ahora las mujeres se preguntan si esta es una práctica que deberíamos adoptar en nuestras iglesias. Algunos están sugiriendo que las mujeres deberían orar con gorros o cubriéndose la cabeza con sus manos como una forma de honrar las instrucciones de Pablo en 1 Corintios 11.

El asunto de cubrirse la cabeza solo se le dijo a la iglesia en Corinto. Ya no necesitamos ser teólogos para tener acceso a sus escritos. Mi nueva amiga y hermana mayor, Elyse Fitzpatrick, me apuntó en dirección a un libro académico del Dr. Philip B. Payne titulado *Man and Woman, One in Christ: An Exegetical and Theological Study of Paul's Letters* (Hombre y mujer, uno en Cristo: Un estudio exegético y teológico de las cartas de Pablo). En su obra, el Dr. Payne explicó que en la cultura griega, los hombres tradicionalmente llevaban el cabello corto. Si un hombre llevaba el cabello largo, era una invitación a otros hombres para tener aventuras homosexuales. Las mujeres griegas de buena reputación llevaban el cabello recogido; si una mujer llevaba el cabello suelto indicaba su disponibilidad sexual. La cultura griega de Corinto estaba plagada tanto de homosexualidad como de promiscuidad. Además de esto, que los hombres llevaran el cabello largo como el de las mujeres y que las mujeres llevaran el cabello suelto estaban en sintonía con la adoración pagana en Corinto, cuyas prácticas minaban el plan de Dios del matrimonio. Lo siguiente es 1 Corintios 11:4-10 traducido del griego con las notas del Dr. Payne:

> Cualquier hombre que ora o profetiza con el cabello afeminado colgándole de su cabeza se deshonra a sí mismo [lit. a su cabeza]. Y cualquier mujer que ora o profetiza con el cabello largo y suelto [lit. la cabeza descubierta, la señal de una supuesta adúltera] se deshonra a sí misma [lit. a su cabeza], porque es igual a la que está rapada [el castigo de una adúltera convicta]. Porque si una mujer no se recoge el cabello [lit. se cubre su cabeza], que se lo corte; pero si es deshonroso para una mujer cortarse el cabello o raparse, que se lo recoja [lit. que su cubra la cabeza]. Porque un hombre

> no debiera mostrar el cabello afeminado [lit. cubrir su cabeza], ya que es la imagen y gloria de Dios [y debería vivir de una forma que defienda el diseño de Dios en la creación y le dé gloria a Dios]. La mujer [no otro hombre] es el orgullo y gozo del hombre. Porque el hombre no vino de la mujer, sino la mujer del hombre [para ser su pareja sexual]; ni el hombre fue creado para la mujer, sino la mujer para el hombre [para ser su pareja sexual]. Con respecto a esto, la mujer debiera tener control sobre su cabello [lit. su cabeza] recogiéndoselo con modestia, por causa de los ángeles [que observan la adoración y se reportan a Dios].[6]

Por los ángeles que están presentes, deberíamos adorar a Dios de una forma que honre su creación de varón y hembra. Los cristianos no deben promover ninguna forma de promiscuidad sexual, y mucho menos en la adoración.

Después, leamos estos versículos de la versión *The Passion* (arameo), empezando por 1 Corintios 11:3.

> Pero quiero que entiendan que Cristo es la fuente de toda vida humana, y Adán fue la fuente de Eva, y Dios es la fuente del Mesías.
>
> De nuevo, vemos establecido el orden de la creación.
>
> Cualquier hombre que dirija la adoración pública, y ore o profetice con un chal colgando sobre su cabeza, muestra falta de respeto a su cabeza, que es Cristo. Y si una mujer en una posición de liderazgo dentro de la iglesia ora o profetiza en público con el cabello largo despeinado, muestra falta de respeto a su cabeza, que

> es su esposo, porque esto sería lo mismo que raparse la cabeza. (1 Corintios 11:4-5, TPT, traducción libre)

Aquí se ve muy claro que Pablo está hablando a los que están visibles en algún tipo de influencia o liderazgo. Esta no es una regulación hecha para los nuevos convertidos, sino para quienes lideran. Este pasaje dice que los hombres no tienen que cubrirse la cabeza porque Cristo es su fuente, y las mujeres que llevan el cabello suelto están deshonrando la santidad de una carne con promiscuidad.

> Si una mujer que quiere estar en el liderazgo no se ajusta a las costumbres de lo que es adecuado para las mujeres, bien podría raparse el cabello. Pero si es deshonroso para ella cortarse el cabello o raparse, que se cubra la cabeza.
>
> (1 Corintios 11:6, TPT, traducción libre)

De nuevo, era a las mujeres rebeldes a quienes se invitaba a cubrirse la cabeza. Estoy leyendo: lleva tu cabello correctamente (recogido como una mujer griega respetable) o rápatelo para no enviar señales contradictorias, y si esa no es una opción, ¡entonces cúbrete la cabeza! Después vuelve otra vez al orden de la creación:

> Un hombre en el liderazgo no tiene obligación de cubrirse la cabeza en las reuniones públicas, porque es el retrato de Dios y refleja su gloria. La mujer, por otro lado, refleja la gloria de su esposo, porque el hombre no fue creado de la mujer, sino la mujer del hombre. Asimismo, el hombre no fue creado porque la mujer lo necesitaba; la mujer fue creada porque el hombre la necesitaba. Por esta razón, ella debería tener autoridad

> sobre su cabeza por causa de los ángeles.
> (1 Corintios 11:7-10, TPT, traducción libre)

N. T. Wright dice esto en su libro *Surprised by Scripture* (Sorprendido por las Escrituras): "El punto principal [de Pablo] es que, en la adoración, los hombres deberían seguir los códigos de vestimenta y peluquería que proclaman que son varones, y las mujeres los códigos que proclaman que son hembras".[7]

Pablo volvió a hablar de las brechas de la desigualdad de género:

> Así pues, tengo que insistir en que, en el Señor, ni la mujer es inferior al hombre ni el hombre es inferior a la mujer. Porque, así como la mujer fue tomada del costado del hombre, del mismo modo el hombre es tomado del vientre de la mujer. Dios, como la fuente de todas las cosas, lo diseñó así.
> (1 Corintios 11:11-12, TPT, traducción libre)

Y para concluir su discurso:

> Así que pueden decidir por ustedes mismos: ¿es adecuado que una mujer ore a Dios con el cabello suelto? ¿Acaso no nos enseña nuestra tradición cultural establecida desde hace tanto tiempo que si un hombre tiene el cabello largo ornamentalmente arreglado invita a la deshonra, pero si una mujer tiene el cabello largo ornamentalmente arreglado es su gloria? Esto se debe a que el cabello largo es el legado que Dios le ha dado como cobertura de su cabeza.
> (1 Corintios 11:13-15, TPT, traducción libre)

A los hombres griegos que arreglaban su cabello ornamentalmente como las mujeres griegas se les podía percibir como invitando desde la plataforma a tener relaciones con personas del mismo sexo. La conclusión a la que llega el Dr. Payne después de todo esto es:

> La aplicación más importante de este pasaje hoy, es lo que subraya Pablo en el clímax de este pasaje, que los varones y las mujeres deberían mostrar respeto los unos hacia los otros, honrando al sexo opuesto como su fuente. Como Pablo destaca en el clímax de este pasaje, los creyentes deben afirmar los iguales derechos y privilegios de las mujeres y los varones en el Señor. Las mujeres así como los varones pueden dirigir reuniones cristianas públicas. Como en el Señor la mujer y el hombre no están separados, las mujeres que tienen el don y están llamadas por Dios debieran ser bienvenidas al ministerio, al igual que los varones.[8]

En resumen, si quieres cubrirte la cabeza, cúbretela, pero no es un requisito para mujeres que profesan piedad. Lo que sí es un requisito es que no vistamos o nos comportemos de una forma seductora o que deshonre a nuestros esposos si estamos casadas, o que mine el propósito de la adoración si somos solteras. Concluiré con este pensamiento: ¿crees realmente que a los ángeles les preocupaba un pedazo de tela, o que en la adoración nuestras vidas honraran a nuestro Padre con santidad en lugar de con mensajes mezclados de una cultura que mezclaba lo sexual en sus prácticas de adoración?

Otro tema candente: ¿qué hay con que las mujeres prediquen? ¿No prohíbe 1 Timoteo 2:11-15 que las mujeres prediquen? Primero, leamos:

> Se les debe permitir estudiar sin que las molesten, en total sumisión a Dios. No estoy diciendo que las

> mujeres debieran enseñar a los hombres, o que intenten mandarles; más bien, que no se les debería molestar. Adán fue creado primero, y después Eva; y Adán no fue engañado, sino la mujer resultó engañada, y cayó en pecado. Sin embargo, se mantendrá a salvo mediante el proceso de dar a luz, si continúa en la fe, el amor y la santidad con prudencia.[9]

En el libro de N. T. Wright *Paul for Everyone* (Pablo para todos), el pasaje de arriba está bajo el título "A las mujeres se les debe permitir aprender". Lo que oigo en estos versículos es que Pablo está enseñando a Timoteo sobre cómo pastorear a las mujeres griegas que se acababan de convertir. El apóstol Pablo también habla del temor que esas mujeres podrían tener al dar a luz fuera de lo que habían conocido como la protección del templo de Diana. ¿Somos nosotras cristianas griegas del primer siglo que creen que el hombre vino de la mujer? ¿O somos de las que creen que la primera mujer nació de un hombre? Yo soy del segundo grupo. En su explicación, Wright continúa diciendo:

> Entonces ¿por qué Pablo termina con la explicación sobre Adán y Eva? Recuerden que su punto básico es insistir en que a las mujeres también se les debe permitir aprender y estudiar como cristianas, y no mantenerlas aburridas y sin educación académica. Bien, la historia de Adán y Eva refuerza este punto: veamos lo que ocurrió cuando Eva fue engañada. Las mujeres tienen que aprender tanto como los hombres. Adán, a fin de cuentas, pecó de forma deliberada; él sabía lo que estaba haciendo, sabía que estaba mal, y deliberadamente continuó. El Antiguo Testamento es muy firme con respecto a ese tipo de acción.[10]

La ignorancia de las Escrituras se cobrará un precio terrible con los hombres y con las mujeres. ¡El evangelio lo deben predicar los hijos y las hijas de Dios! Nuestras voces son un regalo para su gloria. No hace mucho tiempo en mis redes sociales, un hombre dijo: "Una mujer en un púlpito con el nombre de Jesús en su boca es una bruja". ¿Cuándo el género se convirtió en algo más poderoso que el nombre de Jesús? Para que su afirmación fuera cierta, la voz de una mujer y una caja de madera minarían el nombre de Jesús.

Nuestras voces son un regalo para su gloria.

Que alguien llegara a pensar que esto pudiera ser una posibilidad no solo es asombroso, sino también ignorante. ¿Y cuándo entró en juego el uso del púlpito? Ciertamente no en la iglesia primitiva, donde la gente ministraba de casa en casa y en lugares escondidos. Es la Palabra de Dios y no la palabra de ninguna persona o la elevación de ningún púlpito lo que tiene autoridad. El género de la persona que pronuncia el nombre de Jesús no puede ni aumentar ni disminuir su poder.

En la iglesia primitiva no había púlpitos ni Biblias, por cierto. La mayoría de las veces se reunían en secreto y en casas. A menudo, estas "reuniones de adoración" no eran los domingos, y no se parecían en nada a las que hacemos en la actualidad. Algunos se reunían en el día de reposo; otros se reunían todos los días y de casa en casa. Tengamos cuidado de no enclaustrar nuestros prejuicios culturales al imponerlos sobre los de ellos. Los que nos advierten en contra de leer las Escrituras a la luz de su contexto cultural, a menudo son culpables de imponer nuestro contexto cultural a los cristianos del primer siglo. No había púlpitos para que los hombres se pusieran tras ellos en su época, y mucho menos para las mujeres. En nuestros días los podcasts, las redes sociales, los libros, audiolibros, la televisión e incluso YouTube se han convertido todos ellos en plataformas desde donde las personas hablan, y son en muchos aspectos una especie de púlpito. ¿Hace un templo que un sermón sea santo, o es el testimonio de Jesús y la Palabra de Dios lo que hace eso?

Habiendo dicho todo esto, amada ahijada, sé libre para seguir lo que sientas que el Señor te está guiando a hacer. Si sientes que te está guiando a estar callada, permanece callada. Si sientes que te guía a predicar, entonces predica sin miedo. Obedece a tu Rey, pero te ruego que no permitas que las tradiciones de la religión anulen el poder del evangelio en tu vida. No escuches a quienes dicen que las mujeres en la iglesia son un problema, porque, sin duda alguna, son una respuesta.

Jesús murió para redimir por completo tanto a varones como a mujeres. No hemos sido redimidas a semejanza de Eva para volver a un huerto. Hemos sido redimidas a semejanza de nuestro Príncipe y somos bienvenidas a un reino glorioso, donde nadie puede estar callado por la maravilla y gracia del Dios Altísimo, su Padre celestial.

PARA ROMPER EL HIELO

El don de Dios en tu vida ¿ha sido apagado o celebrado?

¿Crees que Dios es el que te dio una voz?

Empieza una discusión sobre cubrirse la cabeza. ¿Es Jesús nuestra cobertura, o es un pedazo de tela?

¿Cuáles son algunas maneras en que puedes celebrar el don de Dios en la vida de otra mujer?

Once

Cuando madrinas y ahijadas conectan

Porque todo aquel que hace la voluntad de mi Padre que está en los cielos, ése es mi hermano, y hermana, y madre.
—Mateo 12:50

Recuerdo el momento en que conocí a Hosanna. Ella se acercó a mí en una iglesia donde ambas estábamos ministrando. Inmediatamente conecté con ella. Sentí que en su vida había algo muy bonito que era único, dulce y fuerte que yo tenía que bendecir. Mientras adorábamos la una junto a la otra esa noche, la oculté en mi corazón con el susurro: *ahijada*. Después miraba asombrada cómo ella ministraba una palabra declarada con mucha ternura y autoridad. Tras la reunión, intercambiamos nuestros números de teléfono y casi tan rápido como nos conocimos, se fue a ministrar a otra iglesia. Eso sucedió a finales del otoño. Durante los meses sucesivos la levanté en oración siempre que danzaba por mi mente, y de vez en cuando le escribí algún mensaje de texto.

Nuestro Padre celestial establece este tipo de conexiones por una razón. Tres meses después, supe un poco más sobre el porqué. Hosanna estaba a punto de entrar en una época de dificultades tras ser víctima de un triplete de robo, traición y tragedia. El enemigo se estaba preparando para abrir una brecha delante de ella con la esperanza de que se la tragase. Al principio del año siguiente, John y yo viajamos primero a Vietnam y después a Indonesia. Ambos contrajimos la típica fiebre mientras estábamos en Vietnam. La enfermedad prolongó nuestra estancia en Indonesia más de lo previsto porque la fiebre nos impedía viajar. Por fortuna, estábamos con buenos amigos. Mientras daba vueltas en la cama de mi hotel, comencé a orar por Hosanna. De hecho, sentí que era una batalla. La llamé en cuanto regresé a los Estados Unidos. Ella es una persona muy reservada, así que yo no tenía ni idea de lo que había estado viviendo, y no fue hasta mucho después cuando compartió su historia conmigo.

En ese corto periodo de tiempo, un pastor le había mentido, robado y asaltado físicamente. Lo siguiente es una parte de su historia:

> Tuve la sensación de haber perdido todo sobre lo que había construido mi ministerio. Ahí estaba yo. Se habían aprovechado de mí. Me habían mentido. Y todo sobre lo que pensaba que estaba construido mi ministerio, me había sido arrebatado.
>
> Ya le había dicho a mi esposo que estaba acabada. Mi corazón estaba hecho pedazos en aspectos que no sabía que eran posibles.

Mientras estaba sentada en el sofá viendo televisión, como había hecho durante toda una semana en ese momento, sintiendo lástima de mí misma, rota y derrotada, vi *Sin rival* en mi estantería y recordé un fuego por el que pasé en cierta ocasión. Un fuego que me encontré una vez. Tú me habías regalado el libro y había comenzado a leerlo, pero desde que me había vencido la autocompasión, lo había dejado. Puse en pausa mi programa de televisión. Volví a abrir el libro. Con cada línea que leía, estaba levantando una pared tras otra. Entonces sonó el teléfono.

Llamada entrante: Lisa Bevere.

Nunca le había dicho a nadie que estaba leyendo *Sin rival* en ese momento. Parecía irreal. Hasta ahora, solo mi esposo sabía eso. ¡Era casi una locura demasiado grande para mí creer en mí misma!

Tú dijiste: "No tengo ni idea de lo que está sucediendo en tu alma, Hosanna, pero te llamo para decirte que no te puedes quedar sentada en el sofá y esperar pasivamente a que Dios te sane. Todos están desalentados ahora. Hay una verdadera batalla librándose. Tienes que luchar".

Tenías razón. Yo no estaba luchando en absoluto. Estaba decepcionada en mi alma, y decepcionada con Dios por permitir que experimentara ese sufrimiento.

Tú dijiste: "Esto es un ataque del enemigo. Tendrás que defenderte. El desánimo se ha estado infiltrando en nuestros líderes e iglesias como las arañas. Lo veo en todas partes. Sí, le está sucediendo a todos. No te equivoques, querida, esto será una lucha".

En el capítulo que había estado leyendo (y que estaba intentando ignorar con todas mis fuerzas), escribiste: "Las pruebas tienen el poder de transformarnos de quienes somos a quienes anhelamos ser. Pero por el camino recogemos la mentira de que podríamos ser héroes sin tan siquiera tener que entrar en combate".[1]

Esa era yo. Rehusando entrar en combate. Y ahí estabas tú, llamándome personalmente para decirme que no sería una heroína sin levantarme de mi sofá y luchar por mi vida.

Después dijiste: "Eres amada. Sé valiente y fiel a lo que hay en ti y sobre ti".

Al colgar los teléfonos, fue como si una venda se me cayera de los ojos. A partir de ese momento, un fuego se encendió dentro de mí. Decidí declarar la guerra.

Me levanté del sofá, y los meses siguientes fueron de mucho trabajo duro, de mucho trabajo en el corazón, de mucho tiempo en la Palabra, de escuchar mucho la voz del Espíritu, de abrirme mucho a líderes y pastores delante de los que antes me daba miedo aparentar ser débil, de escribir mucho, de pelear mucho en oración, de podar mucho las ramas de relaciones tóxicas, y de decirte la verdad cuando me llamabas interesándote por mí y veías cómo convertía en llama la determinación que tú habías prendido dentro de mí.

Fue una de las épocas más duras de mi vida, pero tenía que encontrar mi identidad en Cristo y no en mi reputación ni en mis relaciones.

Esas pruebas tuvieron el poder de transformarme en quien anhelaba ser, cuando peleé por ello.

Tú me diste el permiso.

Aprendí que nosotras, como la generación más joven, no tenemos que suponer que quienes son más sabias que nosotras no quieren conocernos, hablarnos o decirnos la verdad. Aprendí que algunas de ellas no quieren que nos salgamos del camino; quieren que progresemos. Aprendí que tenemos que ser valientes. Aprendí que tenemos que dejar de ponernos excusas a nosotras mismas. Aprendí que debemos tener el valor de ser vulnerables, porque al otro lado de nuestros temores y derechos, hay hombres y mujeres con sabiduría que nos superan en años, que han estado escuchando al Espíritu Santo por años, y que Dios quiere usarlos para inculcar en nosotras el fuego que Dios ha puesto en ellos. Han pasado por las batallas en las que ahora estamos nosotras. Han ascendido a las montañas que ahora nosotros estamos escalando.

Te amo, Lisa. Le diré la verdad a la siguiente generación, empoderándoles en el nombre de Jesús con la misma gracia con la que tú me has hablado a mí. No me compararé. No competiré. Todo lo que me has mostrado, lo transmitiré a otros.

Y lo es. Ella es la bella y valiente Hosanna Poetry (Wong), y me encanta. El enemigo intentaba quebrarla y hacer que abandonara, cuando de hecho estaba a punto de experimentar un gran avance. Se había escondido en una indiferente postura de distracción, viendo programa tras programa para nublar su dolor por las esperanzas rotas. Al leer *Sin rival,* levantó una pared tras otra para protegerse contra otra ronda más de decepción. Cuando le llamé, la mentira fue expuesta y la brecha se cerró. Ella abrió su corazón, salió del abatimiento y se atrevió a responder a la esperanza.

Así como yo la llamé a ella, creo que Dios te está llamando a sacudirte y salir de cualquier sofá en el que el enemigo te haya puesto a languidecer. Darte un atracón de programas es un escape, pero no ganará ninguna batalla ni te servirá para restaurar ni un poco de visión. Rendirse no es una opción para las ahijadas que desean honrar el amor de su Padre y el sacrificio de su Hijo. Sí, tu vida puede parecer distinta a la que pensabas que sería en este periodo, pero eso no significa que sea menos sagrada. Llora si tienes que hacerlo, y después levántate y alza tu voz con un canto.

> Rendirse no es una opción para las ahijadas que desean honrar el amor de su Padre y el sacrificio de su Hijo.

HISTORIA DE TRES VIUDAS

Las Escrituras nos dan ejemplos de lo que ocurre cuando las vidas de madrinas y ahijadas se cruzan. Lo primero que quiero explorar es la bonita historia de Rut y Noemí.

Me encanta que haya un libro en la Biblia con el nombre de una moabita. De muchas maneras, es bastante impactante. Es un relato de dos mujeres que experimentaron una tragedia y una gran pérdida, y vieron cómo eso se transformó en victoria y restauración.

Para pasar rápidamente a la última parte de esta historia, resumiré cómo comenzó. El hambre golpeó la tierra de Judá, y una familia de cuatro miembros viajó a Moab. Poco después de su llegada, el padre murió. Su viuda se llamaba Noemí. Después sus dos hijos se casaron con dos hijas de la tierra de Moab. Pasó una década y los dos hijos murieron, al igual que su padre. Desolada y sin hijos, Noemí oyó que "Jehová había visitado a su pueblo para darles pan" (Rut 1:6), y decidió regresar a Judá. Sus dos nueras viudas le acompañaron durante parte del trayecto.

> Y Noemí dijo a sus dos nueras: Andad, volveos cada una a la casa de su madre; Jehová haga con vosotras misericordia, como la habéis hecho con los muertos y conmigo. Os conceda Jehová que halléis descanso, cada una en casa de su marido. Luego las besó, y ellas alzaron su voz y lloraron. (Rut 1:8-9)

La vida siempre nos dará la oportunidad de regresar. En esta situación, volver tenía más sentido que seguir avanzando con su suegra. Noemí era demasiado vieja y no tenía nada que ofrecerles. Ella argumentó:

> No, hijas mías; que mayor amargura tengo yo que vosotras, pues la mano de Jehová ha salido contra mí. Y ellas alzaron otra vez su voz y lloraron; y Orfa besó a su suegra, mas Rut se quedó con ella. (Rut 1:13-14)

Dos viudas jóvenes lloraban por el camino. Una regresó a lo familiar; la otra avanzó hacia lo desconocido. Rut había escogido su rumbo, y no se dejaría convencer.

> Respondió Rut: No me ruegues que te deje, y me aparte de ti; porque a dondequiera que tú fueres, iré yo, y dondequiera que vivieres, viviré. Tu pueblo será mi pueblo, y tu Dios mi Dios. Donde tú murieres, moriré yo, y allí seré sepultada; así me haga Jehová, y aun me

> añada, que sólo la muerte hará separación entre nosotras dos. (Rut 1:16-17)

Este es el lenguaje del pacto. Rut dedicó su vida a Noemí y clamó al Señor pidiéndole que actuara como testigo contra ella si lo rompía. Dos viudas, una de ellas madrina y la otra ahijada, caminaron juntas hasta Belén. Cuando llegaron, les rodearon las mujeres de la aldea, quienes preguntaron: ¿es posible que esta sea nuestra amiga Noemí, la que se fue hace tanto tiempo?

> Y ella les respondía: No me llaméis Noemí, sino llamadme Mara; porque en grande amargura me ha puesto el Todopoderoso. Yo me fui llena, pero Jehová me ha vuelto con las manos vacías. ¿Por qué me llamaréis Noemí, ya que Jehová ha dado testimonio contra mí, y el Todopoderoso me ha afligido? (Rut 1:20-21)

Su nombre parecía una burla. *Noemí* significa agradable, deleitosa y hermosa. En contraste, *Mara* significa amarga, algo que describía mejor sus circunstancias. ¿Cómo podía haber sabido Noemí que iba a experimentar semejante giro inesperado? Estas viudas desamparadas llegaron en tiempo de la cosecha, así que Rut fue enviada a recoger en los campos de uno de los familiares de su difunto esposo. Rut trabaja duro en el campo cuando la observan.

> Entonces Booz dijo a Rut: Oye, hija mía, no vayas a espigar a otro campo, ni pases de aquí; y aquí estarás junto a mis criadas. Mira bien el campo que sieguen, y síguelas; porque yo he mandado a los criados que no te molesten. Y cuando tengas sed, ve a las vasijas, y bebe del agua que sacan los criados. (Rut 2:8-9)

Abrumada por su generosidad, Rut le pregunta por qué:

> Ella entonces bajando su rostro se inclinó a tierra, y le dijo: ¿Por qué he hallado gracia en tus ojos para que me reconozcas, siendo yo extranjera? Y respondiendo Booz, le dijo: He sabido todo lo que has hecho con tu suegra después de la muerte de tu marido, y que dejando a tu padre y a tu madre y la tierra donde naciste, has venido a un pueblo que no conociste antes.
> (Rut 2:10-11)

Dios tiene sus maneras de dar a conocer nuestra historia sin nuestra ayuda. Booz estaba muy familiarizado con la gracia de Dios hacia las mujeres extranjeras que eran un caso aparte. Su madre era Rahab, la ramera de Jericó, y su padre era Salmón, uno de los espías a quienes ella escondió. Booz reconocía a una mujer de fe cuando la veía. La devoción de Rut hacia Noemí la dio a conocer antes de que la vieran. Y luego Booz le profetizó a Rut.

> Dios tiene sus maneras de dar a conocer nuestra historia sin nuestra ayuda.

> Jehová recompense tu obra, y tu remuneración sea cumplida de parte de Jehová Dios de Israel, bajo cuyas alas has venido a refugiarte. (Rut 2:12)

Mientras leía este versículo, me conmovía su belleza. Creo que esta promesa es para cada hija que se refugia en Dios. Todas somos refugiadas buscando el cobijo del Dios Altísimo. Rut había escogido un futuro de fe cuando rehusó regresar. No muchas personas seguirían a una viuda desamparada a una tierra donde el pueblo había jurado ser su enemigo. De algún modo Rut supo que, siguiendo a Noemí, estaba siguiendo al Dios de Noemí.

> Y ella dijo: Señor mío, halle yo gracia delante de tus ojos; porque me has consolado, y porque has hablado al corazón de tu sierva, aunque no soy ni como una de tus criadas. (Rut 2:13)

Rut era un caso aparte para las cosas de Dios. Booz, Rut y Rahab presagiaban la gracia venidera de Dios a los gentiles.

Noemí concibió una forma para que Rut se convirtiera en la esposa de Booz, y Booz en su pariente redentor. El plan pasaba porque Rut se introdujera en una reunión solo de hombres en la era. Una vez que los hombres estuvieran dormidos, ella destaparía los pies de Booz y se tumbaría con él. Él se despertó perplejo y maravillado de ver quién estaba bajo la manta con él.

> Entonces él dijo: ¿Quién eres? Y ella respondió: Yo soy Rut tu sierva; extiende el borde de tu capa sobre tu sierva, por cuanto eres pariente cercano. (Rut 3:9)

"Yo soy Rut". Este nombre significa compañera, amiga y visión de belleza. Entonces Rut le devolvió a Booz la descripción gráfica que él le había dado a ella: "extiende el borde de tu capa sobre tu sierva, por cuanto eres pariente cercano". En ese momento, ya no era solo el pariente cercano de Noemí; se convirtió en el redentor de Rut. Booz prometió redimirla siempre y cuando el pariente más cercano que él decidiera no hacerlo.

> Y después que durmió a sus pies hasta la mañana, se levantó antes que los hombres pudieran reconocerse unos a otros; porque él dijo: No se sepa que vino mujer a la era. (Rut 3:14)

Esto me parece bastante divertido; obviamente, alguien no pudo mantener en secreto toda la historia de la mujer en la era, ¡y lo escribió! Parece que Dios no tiene problema con que las mujeres se metan en lugares donde normalmente no son muy bienvenidas cuando se trata de asuntos de fe y redención. Tanto Rahab como Rut habían descubierto el poder del intercambio. Rahab cambió el temor al juicio por el temor del Señor, y Rut cambió a su pueblo por un lugar entre el pueblo de Dios. Al día siguiente, Booz arregló el asunto, redimió la tierra del esposo de Noemí, y en el proceso tomó a Rut como su esposa.

> Booz, pues, tomó a Rut, y ella fue su mujer; y se llegó a ella, y Jehová le dio que concibiese y diese a luz un hijo.
> (Rut 4:13)

La frase *y Jehová le dio que concibiese* me hizo preguntarme si hasta este momento Rut era estéril. Estuvo casada por diez años antes de ser viuda, y de repente tiene un hijo. Dios no solo estaba en el proceso de restaurar la vida de Rut, sino que también hubo restauración para Noemí.

> Y las mujeres decían a Noemí: Loado sea Jehová, que hizo que no te faltase hoy pariente, cuyo nombre será celebrado en Israel; el cual será restaurador de tu alma, y sustentará tu vejez; pues tu nuera, que te ama, lo ha dado a luz; y ella es de más valor para ti que siete hijos.
> (Rut 4:14-15)

Las mismas mujeres a las que Noemí dijo que la llamaran Mara (amarga) la están llamando loada. Qué asombroso. Noemí solo esperaba bendecir a Rut, pero la bendición cerró todo el círculo y también le llegó a ella. Dios siempre tuvo un plan. La vida de Noemí ya no era amarga y vacía porque su corazón y sus brazos estaban llenos. Las mujeres que rodeaban a Noemí profetizaron la promesa del legado.

> Y tomando Noemí el hijo, lo puso en su regazo, y fue su aya. Y le dieron nombre las vecinas, diciendo: Le ha nacido un hijo a Noemí; y lo llamaron Obed. Este es padre de Isaí, padre de David. (Rut 4:16-17)

Estas dos mujeres presagiaron la historia de la gracia de Dios. Noemí es hija de la ley que se vio bajo el juicio de Dios solo para experimentar una gracia abundante porque Rut entendió que el amor de Dios superaba la ley. En su libro *The Romance of Redemption* (El romance de la redención), M. R. De Haan explora este concepto en detalle.

> Rut era una gentil y por lo tanto estaba excluida de la nación de pacto por la ley. Estaba legalmente excluida. Pero además era moabita, con respecto a quienes la ley decía en Deuteronomio 23:3: "No entrará amonita ni moabita en la congregación de Jehová...".
>
> La ley dejaba fuera a Rut, pero la gracia la aceptó. Por su matrimonio con Booz, el pariente cercano redentor hebreo, ella entró en la favorecida familia de Israel. Todo esto es un cuadro de la gracia de Dios en Jesucristo, nuestro Booz Redentor que nos tomó, a nosotros que estábamos condenados bajo la ley, extranjeros para Dios, destinados a la muerte y la destrucción, y mediante su obra redentora nos hizo los hijos de Dios y miembros de la primera familia del cielo.[2]

Es mi esperanza que cada madrina desalentada vea más allá de su propio dolor, pérdida y decepción y descubra que aún tiene el poder de bendecir a las ahijadas que le rodean. Noemí envió a Rut a la era con esta esperanza.

> Después le dijo su suegra Noemí: Hija mía, ¿no he de buscar hogar para ti, para que te vaya bien? (Rut 3:1)

Al buscar descanso y provisión para la hija que Dios le había dado, Noemí misma lo experimentó. Al posicionar a Rut para que fuera la esposa de Booz, Noemí recuperó su legado perdido. Al ser fiel a un Dios al que ella imaginaba enojado y posiblemente infiel hacia ella, modeló algo para que todas nosotras sigamos. Las pruebas son caminos y sendas de preparación en lugar de ser el final de la historia. Tu vida terminará con la fidelidad de Dios. Si el final no es evidente aquí, será revelado en la eternidad. Dios es fiel y su plan es redentor.

Las pruebas son caminos y sendas de preparación en lugar de ser el final de la historia.

Al ser fiel a la madre que Dios le dio, Rut se encontró en el linaje de Cristo. Ninguna de nosotras puede saber dónde podrían conducirnos nuestras decisiones, pero te puedo asegurar que continúan viviendo mucho después de que dejemos esta tierra. Lo que comenzó con tres viudas llorando por el camino hacia Belén, fue parte de la historia del Rey de Reyes.

LO IMPOSIBLE SE ENCUENTRA CON LO IMPROBABLE

El Nuevo Testamento nos da otro ejemplo, a través de las vidas de María y Elisabet, de lo que ocurre cuando las madrinas y las ahijadas conectan. Estas dos mujeres modelan un patrón para que nosotras lo contemplemos y sigamos hoy. Por eso, quiero examinar sus vidas de obediencia y santificación creyendo que contienen una promesa presente.

María y Elisabet vivieron en una época en la que las mujeres tenían muy poca o ninguna voz, y sin embargo su conversación privada quedó captada en el canon de la Escritura para que nosotras la oigamos.

Para presentar la escena que vemos en el libro de Lucas, hay un rey horrible en el poder y una pareja mayor sacerdotal y piadosa que es estéril. Inmediatamente vemos el potencial de bastantes retos. Esta pareja, Zacarías y Elisabet, sirvieron a Dios bajo un liderazgo corrupto. Herodes era el rey que después ordenaría que todos los niños menores de dos años de edad fueran asesinados cuando se enteró del nacimiento de Jesús. Esta pareja vivía vidas ejemplares, pero Elisabet era estéril. Igual que sus ancestros de fe, Abraham y Sara, sin intervención divina cualquier esperanza de tener un hijo estaba perdida.

Todo cambió un día. Zacarías estaba sirviendo en el templo cuando recayó sobre él el honor de servir en el lugar santo. Un sacerdote entraba mientras los otros sacerdotes se quedaban fuera con los adoradores. El altar del incienso estaba justo fuera del lugar santísimo, y representaba el aroma de la oración.

> De repente un ángel del Señor se le apareció, de pie junto al altar del incienso.
> Zacarías se quedó perplejo y abrumado de temor. Pero el ángel lo animó, diciendo: "¡No temas, Zacarías! Dios te está mostrando su gracia. Porque he venido para decirte que tu oración por un hijo ha sido contestada. Tu esposa Elisabet te dará a luz un hijo y lo llamarás Juan". (Lucas 1:11-13, TPT, traducción libre)

Pero cuando el ángel terminó, Zacarías tenía algunas preguntas. Podríamos pensar que Zacarías habría empezado haciendo un baile alegre, pero no fue así.

> Zacarías le preguntó al ángel: "¿Cómo esperas que crea esto? Soy un hombre anciano y mi esposa es demasiado vieja para darme un hijo. ¿Qué señal puedes darme para demostrar que esto sucederá?".
>
> (Lucas 1:18, TPT, traducción libre)

La señal fue el silencio. Zacarías no podría volver a hablar hasta que naciera el hijo.

> Poco después, su esposa Elisabet se quedó embarazada y se recluyó durante los cinco meses siguientes. Ella dijo con gozo: "¡Qué asombroso es que Dios se haya fijado en mí y se haya llevado la deshonra de mi esterilidad! (Lucas 1:24-25, TPT, traducción libre)

¡Me encanta esta mujer! Está embarazada y se recluye. Si hubiera sido yo, mi anciano cuerpo embarazado estaría en exposición en el pozo para que todos lo vieran (especialmente con Zacarías sin poder hablar). Pero Elisabet entendió que lo que ella llevaba dentro era más importante que reivindicarse en público. Bastaba con que hubiera sido eliminada su deshonra privada y tan íntima. Ella se alegró en la bondad y ternura de Dios hacia ella.

La escena cambia de una madrina anciana a una joven ahijada virgen.

> Durante el sexto mes del embarazo de Elisabet, el ángel Gabriel fue enviado de la presencia de Dios a una joven soltera llamada María, que vivía en Nazaret, una

> aldea de Galilea. Estaba comprometida con un hombre llamado José, un verdadero descendiente del rey David.
> (Lucas 1:26-27, TPT, traducción libre)

Gabriel está visitando la tierra de nuevo con otro mensaje. Esta vez es para una mujer joven:

Gabriel se le apareció y dijo: "*La gracia sea contigo, joven mujer, porque el Señor está contigo y eres ungida con un gran favor*".

María se turbó profundamente por las palabras del ángel y se quedó perpleja por lo que esto podría significar para ella. Pero el ángel le aseguró: "*No sucumbas al temor, María, porque el Señor se ha deleitado en ti y te ha escogido para sorprenderte con un maravilloso regalo*". (Lucas 1:28-30, TPT, traducción libre)

Las sorpresas son buenas, pero esta era totalmente inesperada.

> Darás a luz a un bebé varón, y lo llamarás Jesús. Él será supremo y será conocido como el Hijo del Altísimo. Y el Señor Dios le dará el trono como Rey sobre el trono de su ancestro David. Reinará como Rey de Israel para siempre, y su reino no tendrá límite.
> (Lucas 1:31-33, TPT, traducción libre)

Entonces María planteó una pregunta razonable:

> María dijo: "¿Pero cómo sucederá esto? ¡Aún soy virgen!". (Lucas 1:34, TPT, traducción libre)

Su pregunta de ¿cómo sucederá esto? era muy distinta a la pregunta de Zacarías: ¿cómo esperas que te crea? Él cuestionó la integridad del mensajero, y la otra cuestionó el método.

> Gabriel respondió, "El Espíritu de Santidad caerá sobre ti y el Dios todopoderoso extenderá su sombra de poder sobre ti, ¡en una nube de gloria! Por eso el niño que nacerá será santo, y será llamado Hijo de Dios". (Lucas 1:35, TPT, traducción libre)

Después el ángel le contó a María un secreto:

> Además, tu anciana tía Elisabet también está embarazada de un varón. La "estéril" ahora está en su sexto mes de embarazo. (Lucas 1:36, TPT, traducción libre)

Lo imposible quedó confirmado por lo improbable. Qué hermoso que Elisabet, que era conocida como *la estéril,* se convirtió en la bendita con vida surgiendo en su interior. Ahora escucha el siguiente versículo, querida ahijada, porque es una promesa hecha para todas nosotras:

> Ni una promesa de Dios está desprovista de poder, ¡porque para Dios no existe la imposibilidad!
> (Lucas 1:37, TPT, traducción libre)

Ni una.

La versión Reina-Valera 1960 lo expresa así: "*porque nada hay imposible para Dios*". (Lucas 1:37).

Hay un poder adjunto a cada promesa de Dios porque el que promete es todopoderoso. Muchas cosas son imposibles *sin Dios,* pero *con Dios,* nada es imposible. En palabras de Gabriel, oí el resonar de Abraham, nuestro padre de la fe:

> Tampoco dudó, por incredulidad, de la promesa de Dios, sino que se fortaleció en fe, dando gloria a Dios, plenamente convencido de que ***era también poderoso***

> ***para hacer todo lo que había prometido.***
> (Romanos 4:20-21, énfasis añadido)

María fue escogida, pero que una virgen diera a luz era una imposibilidad sin Dios.

> Entonces María dijo: He aquí la sierva del Señor; hágase conmigo conforme a tu palabra. Y el ángel se fue de su presencia. (Lucas 1:38)

¿Qué podría suceder si una generación de hijas de Dios se hiciera eco de esta frase? Padre, somos tus siervas, hágase con nuestras vidas conforme a tu Palabra. Cariño, no tienes que elaborarlo ni averiguarlo. Simplemente declara que estás dispuesta a vivir según su Palabra.

Me encanta lo que sucede después. María, la hija que lleva en su interior al Mesías prometido, va a Elisabet, la consagrada, que lleva en su interior al profeta.

> Después de esto, María se levantó y se apresuró a las colinas de Judea, a la aldea donde vivían Zacarías y Elisabet. (Lucas 1:39, TPT, traducción libre)

Incluso ahora, creo que una generación de mujeres improbables se está levantando para bendecir a hijas que llevan lo que parecen ser promesas imposibles.

María se apresuró a estar con su prima Elisabet. Ella sabía que lo que llevaba en su interior era más de lo que podía cargar ella sola. María necesitaba a otra mujer que entendiera lo que se le había confiado. Incluso ahora, creo que una generación de mujeres improbables se está levantando para bendecir a hijas que llevan lo que parecen ser promesas imposibles. Creo que es la razón misma por la que el enemigo ha trabajado tanto para separar a las madres y las hijas.

> Al llegar a su hogar, María entró en la casa y saludó a Elisabet. En el momento en que oyó la voz de María, el bebé en el vientre de Elisabet se movió y dio una patada. Y de repente, ¡Elisabet fue llena hasta rebosar del Espíritu Santo!
>
> (Lucas 1:40-41, TPT, traducción libre)

La vida dentro de Elisabet respondió al sonido de la voz de María. Algo da un salto en nuestro interior cuando madrinas y ahijadas conectan. En este momento, cuando dos mujeres se encuentran, Juan, el hijo de Elisabet, fue lleno del Espíritu Santo como lo prometió Gabriel. Esta llenura se desbordó y le llegó también a quien lo llevaba en el vientre, y Elisabet no pudo evitar profetizar este glorioso misterio:

> Con alta voz profetizó con poder:
> "¡María! Eres una mujer que ha recibido el favor y el privilegio más sublime sobre todas las demás. Porque tu hijo está destinado a dar un gran deleite a Dios.
> ¿Cómo merecí el honor tan grande de que la madre de mi Señor viniera a visitarme?
> En el momento en que entraste por la puerta y me saludaste, ¡mi bebé danzó dentro de mí con un gozo eufórico!
> Hay un gran favor sobre ti, porque has creído cada palabra que el Señor te habló".
>
> (Lucas 1:42-45, TPT, traducción libre)

Es importante destacar que Elisabet no tenía manera de conocer la conversación que se había producido entre Gabriel y María. Y ¿qué pudo hacer que Elisabet imaginara que María, una virgen, estaba embarazada? Nada. El Espíritu Santo lo sabía. Los que están llenos del Espíritu saben cosas por el Espíritu. También conocemos a otros por el Espíritu.

Elisabet se regocijó porque María creyó.

Elisabet llevaba en su interior a Juan (regalo de Dios), quien celebró lo que María llevaba en su interior, a Jesús (Emanuel, Dios con nosotros). Seamos mujeres que reconocen y honran lo que lleva la otra. Este reconocimiento fluye en ambas direcciones: las madrinas celebran a sus ahijadas y las ahijadas celebran a sus madrinas.

Así es como Dios planeó que viviéramos: como mujeres que se emocionan por el hecho de que las otras simplemente se atrevieron a creer. Veremos esto ocurrir cuando haya mujeres que escojan celebrar en lugar de competir entre sí. Demasiadas veces, la trampa de la competición obstruye esta bendición relacional.

Si no puedes encontrar a este tipo de mujeres, simplemente significa que tú tienes que ser esa mujer para otras. No tengas miedo; todo siempre tiene que comenzar por alguien. ¿Por qué no podrías ser tú?

María sabía que necesitaba la sabiduría de una mujer que hubiera pasado por algunas cosas duras. Ser conocida como la estéril seguro que a Elisabet le resultó difícil. Cuando vayas a buscar a una madrina, busca mujeres que hayan pasado por algo difícil y que hayan salido más fuertes al otro lado. Me parece interesante que María no corrió a buscar a su mamá sino a una madrina, y las dos pasaron tres meses juntas. Me gustaría haber escuchado las conversaciones de estas mujeres, embarazadas de una promesa imposible.

> El reproche de Eva fue despojado cuando el precursor y el Redentor fueron confiados a dos mujeres.

Sus vidas son un estribillo de la fidelidad de nuestro Padre. El reproche de Eva fue despojado cuando el precursor y el Redentor fueron confiados a dos mujeres. Mi oración es que al vernos unas a otras, nos conozcamos y bendigamos unas a otras, como testamentos vivos de la fidelidad de Dios. Qué confirmación tan grande para María debieron haber sido las palabras de Elisabet. Como mujer virgen no casada, estaba a punto de hacer frente a algunas incertidumbres, pero por el momento, ¡su alma rebosaba!

> Entonces María dijo:
> Engrandece mi alma al Señor;
> Y mi espíritu se regocija en Dios mi Salvador.
> Porque ha mirado la bajeza de su sierva;
> Pues he aquí, desde ahora me dirán bienaventurada todas las generaciones.
> Porque me ha hecho grandes cosas el Poderoso;
> Santo es su nombre,
> Y su misericordia es de generación en generación
> A los que le temen.
> Hizo proezas con su brazo;
> Esparció a los soberbios en el pensamiento de sus corazones.
> Quitó de los tronos a los poderosos,
> Y exaltó a los humildes.

A los hambrientos colmó de bienes,
Y a los ricos envió vacíos.
Socorrió a Israel su siervo,
Acordándose de la misericordia
De la cual habló a nuestros padres,
Para con Abraham y su descendencia para siempre.
(Lucas 1:46-55)

Estas bonitas palabras proféticas fueron escritas para que toda la humanidad las escuchara. Quizá fue el mudo Zacarías quien las escribió mientras se enjugaba lágrimas de asombro. Al margen de cómo fue captado este intercambio, que nosotras, las hijas de nuestro tiempo, oigamos y sepamos para que así podamos hacernos eco de ellas a nuestra propia manera, en nuestro propio tiempo, en palabra y obra. Al involucrar de manera tan íntima a mujeres en su plan redentor, Dios estaba restaurando el precedente que comenzó en el huerto... las mujeres son respuestas, no problemas.

¿Cuál es la promesa improbable de Dios en tu vida?

Quizá no estamos oyendo porque hemos estado sordas a las voces de las demás durante demasiado tiempo. Las madrinas, creyendo que las ahijadas no las necesitaban, han guardado silencio. Las ahijadas han creído que las madres no estarán ahí para ellas, pero ambas están cegadas por una mentira que quiere aislarnos del legado que llevamos.

Quizá tú te identificas con una de estas mujeres. Tal vez te sientes como:

Noemí, la que sufrió una pérdida indescriptible. Si es así, ten ánimo; Dios no está enojado contigo. No te atrevas a cambiar tu nombre por el de amargura. Aunque creas que lo has perdido todo, hay más dentro de ti de lo que crees. Saca bendición de tu quebranto. Sonríe, porque tu historia no ha terminado. Hay una hija que te ama y está esperando tus palabras de instrucción. No la apartes o la menosprecies. Ayúdala, y encontrarás risa, legado y vida al otro lado.

Rut, una hija extranjera de carácter noble que es nueva en las cosas de Dios. No te dejes persuadir por las mujeres de más edad que quizá intenten convencerte diciendo que no tienen nada para ti. Sácalo de ellas. Tú eres parte de una nueva familia de fe. Deja atrás tu tierra de pérdida, y entra en campos nuevos de cosecha y recoge lo que han dejado para ti. Trabaja como una mujer de honor que comparte su provisión con otros. Prepárate para ser sorprendida por el legado y la vida de Dios.

Elisabet, la consagrada con un largo legado de piedad. Sal del escondite. Conocemos tu secreto; hay vida dentro de ti. ¿Ves a las hijas reunidas en tu puerta? Escucha el sonido de sus voces, su saludo avivará al Espíritu de Dios dentro de ti. Bendice a las que se atrevan a creer. Canta con ellas. Vuélcate en ellas, mujer santa de Dios. Deja que lo que hay en ti se relacione con lo que hay en ellas.

María, muy favorecida de Dios. Asómbrate, valiente, pero no camines sola. Eres escogida; deja que la Palabra viva de Dios logre lo imposible en ti y a través de ti. Magnifica a Dios en humildad y asombro. Acepta la santidad. Encuentra a esa madrina que entiende lo que tú llevas dentro y que te ayudará a saber cómo administrar el regalo sobre tu vida en belleza y fuerza.

Verás, realmente creo que estamos comenzando a oír las voces de las demás.

Creo que hay un derramamiento nuevo del Espíritu de Dios que empoderará a las madrinas para bendecir en lugar de maldecir lo que Dios está haciendo entre los hombres y las mujeres jóvenes. Hay una gracia en las mujeres de más edad para celebrar la mano de promesa sobre la generación más joven, en lugar de repetir sus propias decepciones. A pesar de todo, no podemos permitir que se silencie a otra generación de mujeres. Ni tampoco podemos dejar que ellas piensen que servir a Cristo equivale a convertirse en una seudocelebridad. Es un llamado sagrado. Incluso aunque no entendamos *cómo* están haciendo las cosas, deberíamos ser capaces de bendecir el *porqué*.

Da un paso adelante y acércate. No estás sola, querida; no tengas miedo de acercarte a una mujer que haya recorrido el camino antes que tú. Incluso si la primera mujer a la que te acercas no corresponde tus esfuerzos, no te detengas. Alguien responderá. Y mientras esperas, acércate a mujeres más jóvenes.

> Dios anhela transformar nuestros reveses en conexiones.

Nunca imaginé que Hosanna pudiera haber pasado por todo lo que pasó. Aún recuerdo hablar con ella y, siendo sincera, en ese entonces yo no estaba segura tan siquiera de si me estaba escuchando. Solo sabía que no podía quedarme callada cuando sentía algo tan bonito y tan fuerte removiéndose dentro de ella. El tiempo me ha enseñado que Dios anhela transformar nuestros reveses en conexiones.

Pero no caerán del cielo; tú tienes que levantarte y dejar que Él lo haga.

Por lo tanto, amada ahijada, necesito saber algo.

¿Te has retirado de los campos a los que habías de ir a cosechar?

¿En qué sofá estás sentada? Quizá no te estás dando un atracón de televisión; tal vez estás comprando, dándote un atracón de comida, discutiendo en el Internet, escondiéndote en tu trabajo o detrás de tus hijos. Si tu escudo es una fachada de estar ocupada, vivir en lugar de otra, o fingir que una posesión más te hará feliz, estoy aquí para decirte que no será así. Fuiste hecha para algo más. El entretenimiento y las cosas te dejarán vacía, y estar ocupada te dejará exhausta.

Es tiempo de aceptar el riesgo de vivir tu vida. Sí, hija, sánate durante un tiempo si has sido herida. Lucha para perdonar si te han ofendido. Descansa, por todos los medios, para recuperar tu fortaleza. Un retiro temporal para evaluar tu posición es bueno, pero retirarte por completo no es una opción.

PARA ROMPER EL HIELO

¿Hay lo que parece ser una promesa imposible removiéndose dentro de ti?

Si eres joven, piensa en una mujer mayor con la que puedas conectar.

Si tienes más edad, piensa en una mujer joven a la que te puedas acercar.

Doce

Cuando madrinas y ahijadas colisionan

La meta de la confrontación es la restauración
y no la alienación.
—Lisa Bevere

Era el tiempo. De hecho, se había pasado el tiempo. Había un conflicto sin resolver en el ambiente, y yo no tenía ni idea del porqué.

A lo largo de los años, me había acercado y solo había recibido monosílabos como respuesta. Ella no iba a conectar conmigo. En un intento de averiguarlo, hice todas las preguntas que consideraba apropiadas. Hablé con todas las personas con las que sabía que podía hablar, lo cual era raro porque la mayoría de las veces que he hecho algo mal, sé lo que he hecho. A menudo, enseguida.

Si quería que hubiera una resolución, tenía que tomar un enfoque más directo; y si no podía resolver esa situación, entonces lo que había pasado una vez volvería a pasar.

Estaba ligeramente confusa y, sin duda, nerviosa. Pero más que esas cosas, quería arreglarlo. No me gustan las cosas sin terminar y los capítulos sin final. Tampoco me gusta lidiar con desacuerdos cuando no tengo ni idea de por qué existe el desacuerdo. No sabía *cuál* era el problema, pero Jesús era muy claro sobre cómo tenía que manejarlo. En Mateo 5:23-24 Jesús dice:

> Por tanto, si traes tu ofrenda al altar, y allí te acuerdas de que tu hermano tiene algo contra ti, deja allí tu ofrenda delante del altar, y anda, reconcíliate primero con tu hermano, y entonces ven y presenta tu ofrenda.

Descubrí que estaba preguntándome si todo esto realmente era aplicable. A fin de cuentas, yo estaba en casa. No estaba en un templo presentando una ofrenda. ¿Acaso el problema no era de ella? ¿Acaso no le había escrito yo… dos veces? Yo había abierto la puerta, pero no fue algo recíproco. Ella obviamente tenía algo contra mí, un rencor o alguna otra forma de malentendido que ella no tenía ningún interés en resolver, lo cual suscitaba otra pregunta: ¿era tan siquiera una amiga? Yo había estado ahí para ella, pero era un camino de una sola vía, y ahora ella no quería nada conmigo. Al menos este era el razonamiento que había albergado en mi mente.

Sabía por experiencia propia que el simple hecho de que estuviera siendo tan terca y buscando formas de excusarme para no tratar el problema, significaba que era importante que lo tratara. Aunque solo fuera por mí. No tenía un altar ni una ofrenda, pero al leer las palabras de Jesús es difícil no ver la sensación de urgencia. No sé si te ocurre lo mismo, pero cuando estoy en oración es exactamente cuando recuerdo las brechas relacionales. Solía verlas como interrupciones en lugar de incitaciones del Espíritu Santo. Ahora sé que son invitaciones para arreglar las cosas.

En el pasado, desechaba esos pensamientos y seguía orando o leyendo la Biblia o devocional. A veces era proactiva y ponía un versículo, escribía un pensamiento, adoraba un poco más alto o tomaba algunas notas para un mensaje. Cuando estos pensamientos llegaban sin solicitarlos, pensaba que eran distracciones y los ignoraba. Tristemente, al hacerlo escogía las cosas menores.

La paráfrasis en *The Message* de Mateo 5:23 lo dice así:

> Así es como quiero que te comportes en estos asuntos. Si entras en tu lugar de adoración y, cuando vas a hacer una ofrenda, de repente recuerdas alguna ofensa que algún amigo tiene contra ti... (traducción libre)

La mayoría de nosotras no tenemos altares tradicionales en nuestros lugares de adoración. Lo que ocurre en el altar es mucho más importante que lo que constituye el altar. Los altares son lugares de consagración, y nuestra obediencia es nuestra ofrenda. Al final, cualquier ofrenda verdadera es un acto de rendición obediente, oración, servicio e intercambio. Las ofrendas pueden adoptar muchas formas. Las ofrendas son simplemente cualquier cosa que Dios te haya dado y capacitado para ofrecer. Cualquier cosa que se dé en su nombre se considera santo. Una ofrenda puede ser una petición, oración, tiempo, o un talento.

Al prepararnos para darle al Santo lo que se nos ha dado, Él está más interesado en lo que hemos dejado atrás. Podría ser algo parecido a esto.

Estás a punto de orar por los alimentos, y de repente recuerdas... ayer hablaste mal a tus hijos. Estás sirviendo en cualquier puesto en una iglesia o conferencia, y de repente recuerdas... ayer fuiste dura con tu esposo. Estás a punto de dar lo que tienes en tu poder, y de repente recuerdas... hay una brecha en una amistad. Quizá estás a punto de cantar en la plataforma o hablar desde un pódium y de repente te acuerdas. Estás en un tiempo de oración, y de repente te acuerdas. Creo que entiendes el patrón.

Cuando la ofrenda entra en contacto con el altar, *de repente recuerdas* que alguien no está muy contento contigo.

Ese alguien podría ser cualquiera. Quizá ese alguien es tu esposo, una amiga, compañera de trabajo, o incluso uno de tus hijos. Pero lo más importante es: ¿quién te lo está recordando?

Siempre que cualquiera de nosotras está en un lugar santo o en una postura de santidad preparándose para ofrendar algo a nuestro Padre santo, es más que probable que el Espíritu Santo sea quien *de repente nos hace recordar.*

A mí no me cuesta recordar quién me ha decepcionado... incluso cuando estoy ocupada. Lo oigo incluso en medio del ruido. En raras ocasiones se me escapan palabras duras, comentarios mezquinos, trozos de chismes, calumnias y asaltos verbales. Este tipo de infracciones demandan mi atención.

Pero en la quietud, es una historia totalmente distinta.

> En la soledad, de repente recuerdo a quienes he molestado.

Cuando mi alma está acallada, siento el dolor y la decepción que *yo* he causado a otros. En la soledad, de repente recuerdo a quienes he molestado. Oigo su tono o recuerdo el mío. Cuando tengo los ojos cerrados, veo la mirada que no supe ver a plena luz. Percibo matices que me perdí en el momento.

Cuando estoy sola, a menudo me doy cuenta de que me he desconectado de alguien.

Al acercarnos a Dios, descubriremos nuestra distancia con los demás. Cuando recordamos una brecha, es el momento de responder.

A menudo, el camino más rápido hasta el corazón de nuestro Padre es amar a sus hijos.

> La intimidad no se logra fácilmente... Pero si los costos son considerables, las recompensas son magníficas, porque en relación unos con otros y con el Dios que nos ama completamos la humanidad para la que fuimos creados. —Eugene Peterson[1]

Nos acercamos a Dios al cerrar las brechas entre aquellos a quienes Él ama.

El siguiente versículo en la paráfrasis de *The Message* dice:

> ***Abandona*** tu ofrenda, ***déjala inmediatamente***, ve a ese amigo y ***arregla las cosas***. Después, y solo después, regresa y soluciona las cosas con Dios.
> (Mateo 5:24, traducción libre, énfasis añadido)

¡*Abandona* es una palabra fuerte!

Significa poner fin, cancelar y desalojar las posiciones. La Reina-Valera 1960 nos advierte: "*deja allí tu ofrenda delante del altar*" (Mateo 5:24). Esta es una imagen muy detallada... casi puedo oír a Jesús diciendo: "retírate de la ofrenda, suelta el micrófono, deja a un lado el regalo, deja tu teléfono, cierra tu Biblia de estudio, aparta el devocional, deja de cantar y corre, no camines. No es el momento de ofrendar; ¡es el momento de arreglar las cosas!

Ese día, en oración, dejé a un lado todos los razonamientos y excusas y reconocí lo que tenía que suceder. Le dije a mi esposo lo que iba a hacer (para dar cuentas a alguien), y di pasos para contactarla. He aprendido que si no hago las cosas al momento, se me pueden escapar.

Pronto estaríamos ministrando juntas en el mismo evento, y las cosas serían demasiado incómodas para ambas si no abordaba y resolvía antes esa brecha.

Me avergüenza admitirlo, pero había lidiado con esta desconexión por tres años y no había dado ningún paso. Ni siquiera estaba segura de si tenía bien su número telefónico. Le envié un mensaje de texto pidiéndole tener una conversación, después dejé mi teléfono y salí de la sala.

Ella respondió que podía hablar al día siguiente.

Entonces me surgió la pregunta: ¿qué le iba a decir?

Tres años es mucho tiempo para dejar algo sin resolver y revoloteando por el aire.

LO QUE SIGNIFICA PARA DIOS LA RECONCILIACIÓN

Las palabras de Jesús en Mateo confirman la increíble importancia que Él da a las relaciones. Las personas siempre significarán más para Jesús que una ofrenda. Hay una conexión divina entre lo que ofrecemos y nuestro corazón. ¿Cómo podemos darle lo mejor a Dios cuando hemos hecho lo peor entre nosotros? En el libro de Malaquías, en el Antiguo Testamento, vemos problemas similares, y seguimos enfrentándolos hoy.

> ¿Cómo podemos darle lo mejor a Dios cuando hemos hecho lo peor entre nosotros?

Malaquías estaba hablando de un sacerdocio corrupto, el divorcio generalizado, la injusticia, una rutina de adoración apagada, la negligencia en los diezmos, y ofrendas muy escasas. Primero, el profeta pregunta por qué alguien daría a Dios lo que no le daría a su gobernador. Después pasa a explicar por qué sus oraciones y ofrendas no tienen el resultado que ellos esperan.

> Y esta otra vez haréis cubrir el altar de Jehová de lágrimas, de llanto, y de clamor; así que no miraré más a la ofrenda, para aceptarla con gusto de vuestra mano.
> (Malaquías 2:13)

¿Y qué podía causar que Dios se desconectara de sus ofrendas esta vez? Ellos estaban rompiendo el pacto con sus esposas. Esto nos da algo de luz sobre lo mucho que Dios honra la unión matrimonial. Él nos une con una porción del Espíritu.

> Mas diréis: ¿Por qué? Porque Jehová ha atestiguado entre ti y la mujer de tu juventud, contra la cual has sido desleal, siendo ella tu compañera, y la mujer de tu pacto. ¿No hizo él uno, habiendo en él abundancia de espíritu? ¿Y por qué uno? Porque buscaba una descendencia para Dios. Guardaos, pues, en vuestro espíritu, y no seáis desleales para con la mujer de vuestra juventud. (Malaquías 2:14-15)

La paráfrasis de *The Message* del pasaje anterior dice:

> Y esta es una segunda ofensa: Llenan el lugar de adoración con sus quejas y lloriqueos porque no reciben lo que esperan de Dios. ¿Saben por qué? Sencillo. Porque Dios estaba ahí como testigo cuando declararon sus votos matrimoniales a la esposa de su juventud, y ahora han roto esos votos, han roto la unión de fe con su compañera de votos, su esposa de pacto.
>
> (Traducción libre)

El altar es donde aprendemos lo que Dios quiere en vez de ser lugares donde vamos para conseguir lo que nosotros queremos.

El altar es donde nos encontramos con nuestro Padre para que nos pueda decir con quién nos tenemos que reunir.

El altar es donde llevamos todo. Dios está más interesado en lo que hay en nuestro corazón que en lo que hay en nuestras manos. No se trata de cuánto tiempo, talento o recursos damos. Se trata del corazón del dador.

Él nos invita a adorarlo a Él amando primero a otros.

Cuando Pablo termina su carta en 2 Corintios 13:11, resume el valor que Dios da a cómo nos tratamos unos a otros:

> Por lo demás, hermanos, tened gozo, perfeccionaos, consolaos, sed de un mismo sentir, y vivid en paz; y el Dios de paz y de amor estará con vosotros.

La restauración es nuestro objetivo, y al vivir en paz unos con otros, el amor de Dios y su paz nos cubren. Yo necesitaba restaurar esa relación si era posible.

Cuando llegó el momento que habíamos acordado para hablar, me aparté. No quería tener interrupciones ni distracciones. Marqué su número, y contuve la respiración.

Ella respondió al teléfono. Era yo quien tenía que marcar la pauta. Le expliqué que cuando la conocí me encantó. No quería absolutamente nada. Le recordé que estuve ahí para ella cuando pasó por una transición importante. Seguí diciéndole cuán emocionada estaba cuando supe que participaríamos en el mismo evento. Yo había ido a su sesión para animarla, y ella me había desairado reconociendo a cada una de las oradoras desde la plataforma menos a mí... dos veces.

Al principio pensé que quizá estaba nerviosa. Cualquiera que haya estado alguna vez en una plataforma delante de más de mil personas sabe que es fácil olvidarse de algo o de alguien. Pero después volvió a ocurrir a la mañana siguiente.

Tras explicarle cómo yo había visto las cosas, le pregunté: "¿He hecho algo que te ha molestado?".

Se produjo una pausa extraordinariamente larga, y después un suspiro de aire audible.

Después un llanto...

Pensé: *Amado Jesús, ¿qué he hecho?* Sea lo que fuere, ¡debió ser horrible! Con llantos sofocados, ella me explicó que no era yo, que se sorprendió que de entre todas las personas fuera yo la que llamara.

Me dijo que ella había sido herida constantemente por su mamá y por las mujeres a quienes veía como figuras maternales en su vida, y se había retirado de todas ellas, yo incluida. Yo era culpable por mi relación con otras mujeres que le habían herido.

Yo escuchaba... atentamente. Oí lo que dijo y también lo que dio a entender y no dijo. Su cruda vulnerabilidad creó un camino para que ambas tuviéramos una conversación sincera y abierta. No para defenderme, sino para aportar una opinión sobre lo que ella podría haber experimentado, le dije que muchas mujeres de su generación han enviado mensajes mezclados a las mujeres de la mía. Se han comportado como si tuvieran toda la vida resuelta y no necesitaran nuestra ayuda, afirmación, opinión o apoyo. A menudo se han sentido como si los sacrificios de las mujeres que caminaron antes que ellas se hubieran marginalizado.

Ambas reconocimos la herida, la pérdida, la desconexión. Sabíamos que existía una brecha muy real y hablamos de maneras en que podríamos repararla, de formas en las que podíamos amar y vivir mejor como mentoras y amigas.

No fue hasta después, después de colgar el teléfono, cuando me di cuenta de cuán equivocada había estado. Yo era la de mayor edad, lo cual significaba que debería haber sido más madura.

Nunca debería haber permitido que pasaran tres años sin tratar la situación. Durante mil días había permitido que algo se quedara sin resolver y sin sanar en *ambas* debido a una ofensa para mi orgullo.

Sí, me había sentido poco respetada y devaluada; ¿quién no se ha sentido así? Pero mi reacción fue el fruto de un orgullo herido.

Proverbios 13:10 nos dice: "*Ciertamente la soberbia concebirá contienda; mas con los avisados está la sabiduría*". Mi orgullo herido me había dejado en la oscuridad. Me cegó porque no lo había tratado.

Siempre que estamos bajo el efecto del orgullo es como si tuviéramos puestas unas orejeras, y no podemos ver ni lo que está a la derecha ni a la izquierda. Quedamos atrapados en la visión de túnel del yo. No podemos ver el dolor de nadie más porque estamos demasiado consumidas por el nuestro. Lo curioso es que yo me había visto como la víctima y a la otra persona como la orgullosa, cuando en realidad los papeles estaban invertidos.

Cuando la vi más adelante en el evento, mi corazón rebosaba de amor por ella. Nos dimos un abrazo. Asistí a su sesión, y ella estuvo en la mía. Hubo un momento durante la adoración en el que me sentí movida a poner mi mano sobre su espalda, pero me preocupaba que pudiera interrumpir su intimidad personal de adoración. Miré y me di cuenta de que otra amiga vio que mi mano estaba detrás de ella, y como si ella supiera la pregunta que había en mi mente, asintió como diciendo… hazlo.

Puse mi mano sobre su espalda, y la joven se derrumbó, después se giró y cayó en mis brazos. No recuerdo todo lo que dije en oración, pero mientras el sonido de la adoración nos envolvía a ambas, recuerdo que rompí palabras de maldición sobre ella que le pudieran haber dicho las mujeres que habían pasado por su vida. Ocurrió algo profundo y santo. Algo que hasta el día de hoy seguimos sin entender del todo, pero que no habría sucedido si yo me hubiera quedado atrapada en el orgullo y la ofensa.

Después ella me escribió:

> Esta madrina siciliana oró por mí por sanidad como hija de Dios, áreas que no me daba cuenta de que aún necesitaba. Semanas después, Dios puso una carga en mí para dejar de esquivar el papel de madre espiritual. Dios está levantando madres espirituales para una generación de muchachas que vienen detrás, pero no podemos entrar en ese papel a menos que seamos sanadas en nuestra identidad como hijas. Encuentra a las mujeres que van por delante de ti en la vida que estén interesadas en un legado, que estén extendiendo

> su mano y levantándote. Mujeres que no estén guardando su influencia, sino entregándola. Ellas son las corredoras que van delante, las que allanan caminos de liderazgo para que nosotras caminemos ahora en ellos libremente. Asumamos esos mismos tipos de riesgos para la generación que viene detrás.[2]

Seamos esas madrinas y ahijadas. Identifiquémonos las unas con las otras y fijemos nuestra identidad en Él. Sabemos que todas somos ahijadas porque todas somos hijas de Dios; tomemos la decisión de ser también madres.

LO BUENO DELANTE DE TODOS

Vivimos en una época en la que es más común que las personas se hieran unas a otras más que sanarse, que se odien más que amarse, que discutan más que produzcan paz. Somos más rápidos en aislar y creer lo peor sobre el otro que arriesgarnos a creer lo mejor. La sanidad implica mucho más trabajo y tiempo que una herida. Amar a alguien significa que puede estar suficientemente cerca de ti como para herirte. Y discutir para tener la razón es siempre más fácil que trabajar por la paz.

Es tiempo de que madrinas y ahijadas sean modelos de reconciliación. Esto significa que nunca ha habido un entorno más maduro para que vayamos contra la cultura que el que tenemos ahora. Siempre que es más fácil ser cruel que amable, tenemos esa oportunidad de modelar algo muy distinto. Porque es en la oscuridad donde la luz brilla con más fuerza. Romanos 12:17-18 dice:

> No paguéis a nadie mal por mal; procurad lo bueno delante de todos los hombres. Si es posible, en cuanto

> dependa de vosotros, estad en paz con todos los hombres.

La frase *lo bueno delante de todos* implica que las personas están observando nuestra vida; el concepto de ser observado nunca ha sido más cierto. Actuar de una forma que es buena y honorable requiere mucho pensamiento e intención. Cuando nos tratan mal, no podemos considerar solamente cómo nos hace sentir a nosotros; también debemos ser conscientes de cómo podría ser para otros nuestra respuesta a la interacción. No estoy aquí para discutir y corregir a nadie, sino que estoy aquí para andar de una manera que se corresponda con mi profesión de Cristo.

De muchas maneras, nuestro mundo se ha convertido en una plataforma muy grande que encaja en nuestra mano. ¿Cómo quieres que te vean? ¿Qué significa ser bueno y honorable?

La traducción que hace *The Passion* de Romanos 12:17-18 dice:

> Nunca tengas resentimiento o intentes vengarte, sino planifica tu vida alrededor de la manera más noble de beneficiar a otros. Haz tu mejor esfuerzo por vivir como un amigo de todos.

Esto puede ser tan sencillo como ser generoso en la bondad. No podemos ser amigos *de* todos, pero podemos ser un amigo *para* cada uno. Romanos 12:19-21 continúa:

> No os venguéis vosotros mismos, amados míos, sino dejad lugar a la ira de Dios; porque escrito está: Mía es la venganza, yo pagaré, dice el Señor. Así que, si tu enemigo tuviere hambre, dale de comer; si tuviere sed, dale de beber; pues haciendo esto, ascuas de fuego

> amontonarás sobre su cabeza. No seas vencido de lo malo, sino vence con el bien el mal.

Nunca te vengues. No devuelvas la bofetada... nunca. Déjaselo a Dios. El bien siempre vencerá. Se hará justicia. Mantengamos nuestras manos limpias y nuestro corazón puro. Dios nos pide que seamos buenos con nuestros enemigos. En ningún lugar leemos que debamos apartar a nadie de la bondad de Dios. ¡La reconciliación es algo bastante importante para Dios! Segunda de Corintios 5:18 nos recuerda que el ministerio de la reconciliación viene de Cristo: "*Y todo esto proviene de Dios, quien nos reconcilió consigo mismo por Cristo, y nos dio el ministerio de la reconciliación*".

Esto no significa que tengas que arreglar todo para todo el mundo. Ninguna persona, ni siquiera un cónyuge, puede llenar todas las brechas. Hay brechas que cada uno carga y que solo Dios puede llenar. Es importante que te preguntes: ¿es esta una brecha de la persona o una brecha de Dios? ¿Es esta una oportunidad para crecer, o necesita ánimo o rescate?

> Hay brechas que cada uno carga y que solo Dios puede llenar.

No es seguro que te reconcilies con algunas personas. Quizá será algún día, pero si no lo es ahora, te doy permiso de bendecirles desde lejos en oración y mantenerte a una distancia de seguridad. A medida que trabajamos para reparar nuestras relaciones, es bueno recordar la diferencia. Si no estás segura de cómo decidir esto, invita a alguien a la conversación. Acude a personas en las que realmente puedas confiar. Ahora hablemos de cómo podrían ser esas personas.

EN TU ESQUINA

Habrás escuchado el término *en tu esquina*. Estas son las personas que actúan como coaches, entrenadores y sanadores cuando la vida amenaza con golpearnos. Imagínate un combate de boxeo, y tú eres uno de los púgiles. Estos amigos saltan entre las cuerdas o se acercan para susurrar cuando hay un descanso entre asaltos. Tienen un sitio con vistas privilegiadas sobre lo que te está ocurriendo. Mientras curan tus heridas, escuchan tus temores y quejas ("Yo no puedo hacer esto... es demasiado duro... está durando demasiado") y responden: "Sí, ¡tú puedes!". Ellos saben cuándo empujarte, y saben cuándo darte permiso para descansar y volver a la pelea otro día.

Ellos conocen tus debilidades, pero deciden mirarte a los ojos y recordarte tus fortalezas. No están meramente por ti; están por lo más grande que representa esa pelea en tu vida. Te recuerdan que hay esperanza al otro lado de tu lucha. Son los amigos que celebran tu crecimiento. Son las relaciones que Proverbios describe como:

> Hierro con hierro se aguza;
> Y así el hombre aguza el rostro de su amigo.
> (27:17)

Cada uno está en la vida del otro para aguzarse mutuamente. No todo el que se cruce en tu camino puede o debe ser esto. Otra versión de Proverbios 27:17 dice: "Se usa el acero para afilar el acero, y un amigo afila a otro" (MSG, traducción libre). Estos tipos de amistades se tienen que forjar con el mismo metal. La sustancia es la misma incluso si la forma se ve diferente. No se pueden usar metales de distinta fortaleza de tensión para afilarlos. Si intentas afilar el acero con aluminio, terminarás rompiendo el aluminio y desafilando el acero.

Durante el curso de toda una vida no tendrás muchas de estas amistades, pero valora las que tienes, no las des por garantizadas, e invierte en ellas. Ojalá que tu esposo, tu familia más inmediata y varios en tu comunidad sagrada estén en esta categoría. Este tipo de relaciones son *transformacionales*.

EN LA SALA

Después hay otro tipo de relación. Describámosla como las personas que están en la sala. Este tipo de amistades son por un tiempo o están centradas en la conveniencia o en características compartidas. Las personas que están en la sala ven lo que ocurre, pero no están lo suficientemente cerca para oír tus susurros. Las personas que están en la sala aplauden cuando la audiencia aplaude, pero raras veces se quedan cuando pierdes. No significa que sean malas personas. No significa que no seas digna de la relación. No permitas que esto te haga daño. Amada, por favor entiende que no es personal. Por una razón u otra, así es como han escogido relacionarse contigo.

En el pasado, esta dinámica me confundía. Recientemente le escribí un mensaje de texto a alguien que pensaba que estaba en mi esquina. Yo había estado ahí para ella varias veces cuando ella me necesitó. Cuando ella pasó a estar en otra etapa distinta, no podía tomarse el tiempo de devolver los mensajes. Más adelante, estaba yo en un evento con una amiga común que sabía que ella veía como alguien con quien era ventajoso mantener una relación. A modo de experimento, me tomé un *selfie* con esta amiga, se lo envié, y como me suponía, hubo una respuesta inmediata. Aunque la revelación fue decepcionante, en realidad fue útil. Sabía qué esperar más adelante. Ambas somos personas ocupadas, y ahora sabía que mi relación con ella era puramente *transaccional*.

Al igual que yo, serás vulnerable al daño cuando confundas tus relaciones transaccionales (amistades de conveniencia) con tus amistades transformacionales (conexiones íntimas para el crecimiento). Las relaciones transaccionales estarán en tu sala mientras sea lo mejor para ellas, pero cuando se vayan, no te enojes ni les ruegues que regresen. Bendícelas y deja que se vayan. Y si quieren regresar a tu sala, déjalas, pero no pongas las expectativas incorrectas en esa relación.

Siempre sufrirás decepción cuando acudas a las personas incorrectas buscando lo correcto. Estas son algunas pautas para que consideres. Los verdaderos amigos están ahí cuando los necesitas, no solo cuando ellos necesitan algo de ti. Los verdaderos amigos te devuelven los mensajes cuando les escribes y te devuelven la llamada cuando les llamas. Quizá no ocurre al instante o ni siquiera el mismo día, pero habrá una respuesta. Puede ser tan sencillo como: "Te llamaré en cuanto pueda". Los amigos cercanos te reconocen. Si esto no está sucediendo, entonces probablemente estás en una amistad transaccional.

> Siempre sufrirás decepción cuando acudas a las personas incorrectas buscando lo correcto.

Para que quede claro, no estoy hablando de personas que están ocupadas. Todos estamos más ocupados de lo que deberíamos, y hay épocas de dificultades, pérdida o enfermedad en las que naturalmente aminoramos el ritmo o detenemos nuestra capacidad de responder. Estoy hablando de personas a quienes no se les puede molestar. Habiendo dicho esto, mantente ahí para ellos cuando te necesiten, pero ten cuidado de no apegar ninguna expectativa a tus acciones. Haz depósitos en sus vidas, pero no esperes que te devuelvan nada. Ahijadas, aprendan de mí. He resultado herida cuando he puesto expectativas de una relación transformacional a mis amistades transaccionales.

NUESTRO PRÓJIMO

> Amarás al Señor tu Dios con todo tu corazón, y con toda tu alma, y con todas tus fuerzas, y con toda tu mente; y a tu prójimo como a ti mismo. (Lucas 10:27)

Solo podemos amar a otros en la medida en que hayamos aprendido a envolvernos en el amor de Dios. El prójimo son todos aquellos que vemos. Están en nuestro vecindario, donde trabajamos, donde hacemos la compra, en nuestras calles y donde adoramos. Siempre es más fácil sentir compasión por los que no podemos ver. Lo siento. Es más difícil involucrarnos con quienes podemos tocar. Enviar un cheque es más fácil que indagar sobre alguien que quizá necesita de ti algo más que dinero. Da miedo, pero tiene que ocurrir, porque demasiadas personas están demasiado aisladas unas de otras. Yo viajo y me subo a plataformas delante de muchas personas, así que tengo que ser intencional para conectar con personas que están cerca de mí. Comienza con mi familia, después mi equipo, y luego se extiende a las mujeres de mi área que desean reunirse en mi casa y crecer.

> Si ves a algún hermano o hermana que tiene necesidad y tienes los medios para hacer algo, pero te das la vuelta y no haces nada, ¿qué sucede con el amor de Dios? Desaparece. Y tú lo hiciste desaparecer.
> (1 Juan 3:17, MSG, traducción libre)

Si sientes que tu corazón se ha enfriado, te reto a pedirle a Dios formas de volver a abrirlo. Podría ser tan sencillo como animar o bendecir a alguien que te ha maldecido o menospreciado en el pasado. Mira a los ojos cuando veas a alguien dolido. Pregúntale: "¿Cómo te puedo ayudar?". Decide qué puedes hacer y cumple lo que digas. Si te piden algo con lo que no puedes ayudar, conéctales con alguien que pueda. Estas soluciones por lo general se producen en una comunidad.

FUERA DE ALCANCE

Después está el mundo irreal y a menudo agitado de las redes sociales. Estas son las personas que oyen y ven lo que les enseñas, pero tu vida y las de ellos nunca se cruzan. Este ámbito requiere límites saludables y reglas de participación si quieres ahorrarte energía emocional. Si lees un post y no estás de acuerdo con lo que dice, no te pongas nerviosa. No recibas la presión de juzgar o dar una opinión. No te tienen que dar "me gusta" a todos los post. No tienes que participar en todas las discusiones. Nunca estaremos de acuerdo con todo lo que otro diga, y no pasa nada. ¡Yo ni siquiera estoy de acuerdo con todo lo que dije en el pasado! Lo que no está bien es enredarse emocionalmente cuando alguien diga algo con lo que no estás de acuerdo, y después entrar en una disputa. Esto le roba tu tiempo y energías a lo que verdaderamente importa.

Constantemente me preguntan si las cosas crueles que la gente me dice o comentan sobre mí en las redes sociales me afectan. No soy una desalmada. Claro que sus palabras podrían doler, pero me niego a darles a desconocidos tanto poder sobre mi vida. He tenido la bendición de estar rodeada de personas que verdaderamente se preocupan de mí. Los he invitado a herirme con la verdad para que pueda crecer y ejemplificar una mayor medida del amor de Dios.

Hay cosas asombrosas que aprender y descubrir en las redes sociales. Pueden ser una gran herramienta de comunicación a muchos niveles. Otras veces, las luchas que se dan en ellas son distracciones emocionales que se deberían ignorar. No tienes que responder a todo el que te grite. No tienes que responder a las personas que realmente no están buscando respuestas. A veces los provocadores, o las personas enojadas, solo están buscando personas de las que puedan abusar. En este caso, responderles solo añadirá más leña al fuego erróneo y posiblemente les impedirá tener conversaciones significativas con las personas reales de su mundo. Proverbios 18:2 nos advierte: "No toma placer el necio en la inteligencia, sino en que su corazón se descubra".

No te quedes atascada en su necedad; usa tu tiempo para perseguir la sabiduría que se encuentra en el entendimiento. Amar a todos no significa darles a todos el mismo acceso a tu vida. Es imposible tener el mismo nivel de intimidad con todos. Si estás casada, tu esposo merece más atención que tu pantalla. Tus hijos tienen derecho a tener contacto visual y conversaciones cara a cara contigo sin interrupciones.

Incluso Jesús tenía niveles distintos de intimidad relacional con sus discípulos. Sin duda, Él tenía la relación más cercana con Juan. Compartía conversaciones con Juan que los demás solo oían después. Vemos la designación de "el discípulo a quien Jesús amaba" cuatro veces en el Nuevo Testamento. Jesús amaba a todos sus discípulos, pero eso no significa que las relaciones individuales fueran iguales.

Te garantizo que hoy en mi tiempo de oración oí algo distinto a lo que tú oíste. ¿Por qué? Porque no somos la misma persona ni tenemos los mismos desafíos. Dios ama y habla a cada una de sus hijas de forma única. Ha habido épocas en mi vida en las que mi relación con Jesús era más transaccional cuando

Él quería que fuera transformacional. Él estaba tan involucrado como yo le dejaba en ese tiempo.

Todas nos hemos volcado en personas que después se retiraron. Pero esta es la buena noticia: esas semillas nunca se perdieron. Nosotros sembramos y Dios da el crecimiento. A veces tus palabras tendrán efecto en una época posterior cuando estén listos para oírlas. No te retires o te vuelvas introvertida y te imagines que pasa algo contigo. Seamos mujeres más grandes que eso.

Aprende de mí; no permitas que pasen mil días antes de acercarte. Hay semillas de redención dentro de cada malentendido cuando hacemos que la reconciliación sea la meta. En lugar de seguir permitiendo que la confusión nuble tu punto de observación, sé lo suficientemente valiente para confrontarla por causa de la paz. Busca esas oportunidades, y la próxima vez que experimentes un "de repente" cuando estés en el altar, considéralo una invitación a avanzar hacia la restauración. Apuesto que hay alguien ahí fuera que está esperando tu llamada.

PARA ROMPER EL HIELO

¿Hay una dinámica o conversación confusa que has estado evitando?

¿Se produjo un "de repente" cuando estabas en una oración que desechaste?

¿Qué puedes hacer hoy para cambiar eso?

¿Cuáles son algunos límites que tienes que poner en su lugar para que personas desconocidas no agoten tu energía emocional?

Trece

Cómo ser una

No hay una manera de ser una madre perfecta,
y un millón de maneras de ser una buena madre.
—Jill Churchill

No peleemos por lo imposible y nos perdamos oportunidades de crecimiento. Cuando se trata de ser algún tipo de madre, la perfección rápidamente se transforma en el enemigo de lo bueno. ¡Es tiempo de dejar de ser tan duras con nosotras mismas! Podemos tener amor perfecto por otros, pero eso no significa que tengamos una relación perfecta. La búsqueda de lo "perfecto" es un estándar irracional que frustra en lugar de inspirar. Nuestra meta debería ser el crecimiento más que lo improbable. La buena noticia es que puedes ser la madrina perfecta para una situación dada. Para serlo, Dios incluye nuestras debilidades junto a nuestras fortalezas.

Una de las muchas maneras de ser una buena madre ¡es ser una madre despierta! Esta es una mamá que presta atención. Está despierta y consciente.

Débora fue una mujer extraordinaria que sirvió a Israel como jueza y como profetisa cuando la nación estaba en uno de sus momentos más bajos. El predecesor de Débora fue Aod. Él liberó a Israel de la opresión moabita, alejó al pueblo de la adoración de ídolos, restableció las fronteras de la nación, y juzgó a la nación durante ochenta años. Con su muerte, el pueblo regresó a sus antiguas prácticas malvadas. Jueces 4 comienza diciendo:

> Después de la muerte de Aod, los hijos de Israel volvieron a hacer lo malo ante los ojos de Jehová. (v. 1)

Tras ocho décadas de paz, quizá se olvidaron de cómo era tener dificultades. En un tiempo prolongado de seguridad es fácil que una nación se olvide de su fuente. Cuando Israel se alejó de Dios, Él rectificó la situación entregándolos a uno de sus enemigos.

> Y Jehová los vendió en mano de Jabín rey de Canaán, el cual reinó en Hazor; y el capitán de su ejército se llamaba Sísara, el cual habitaba en Haroset-goim. Entonces los hijos de Israel clamaron a Jehová, porque aquél tenía novecientos carros herrados, y había oprimido con crueldad a los hijos de Israel por veinte años. (Jueces 4:2-3)

A los ochenta años de paz les siguieron dos décadas de cruel opresión. Israel quedó devastado, descorazonado, desanimado y desinteresado.

Esta era la condición de su corazón cuando Débora se convirtió en su jueza profetisa. Espiritualmente, su pueblo había perdido su camino. Algunos comentarios mencionan cuán desmoralizador debió haber sido para su cultura patriarcal tener a una mujer como su líder (aunque nada en el pasaje hace alusión a ello). Los tiempos de desesperación demandan medidas desesperadas, y a veces lo que se necesita es una madrina.

No está claro cómo llegó hasta esta posición una mujer. Podría ser que era el único tipo de liderazgo que permitía su opresor. Quizá el liderazgo varonil de Israel había muerto, y los pocos que quedaban estaban escondidos, desanimados o desplazados. Sea cual fuere el caso, Débora se vio desempeñando un doble puesto de gobernanza legal y espiritual.

> Gobernaba en aquel tiempo a Israel una mujer, Débora, profetisa, mujer de Lapidot; y acostumbraba sentarse bajo la palmera de Débora, entre Ramá y Betel, en el monte de Efraín; y los hijos de Israel subían a ella a juicio. (Jueces 4:4-5)

> El cambio requiere acción,
> y la acción implica participación y riesgo.

Débora tenía su juzgado bajo una palmera, entre dos ciudades desoladas llenas de personas heridas y desesperanzadas. Las rutas de comercio de Israel habían sido cortadas, y la gente rehusaba trabajar en los campos colindantes por temor a ser atacados por sus opresores. Durante dos décadas las cosas no solo eran malas para Israel, sino que eran malas en Israel. La nación estaba oprimida por fuera y dividida por dentro. Día tras día, Débora se sentaba y escuchaba para mediar en sus discusiones y disputas.

Entonces ocurrió algo.

Ella se dio cuenta de que nada cambiaba cuando lo único que hacemos es sentamos y juzgar. El cambio requiere acción, y la acción implica participación y riesgo. Es mucho más fácil observar que hacer. Era el tiempo de confrontar al enemigo. Me pregunto si estaba cansada de ver al pueblo acobardado de miedo y discutiendo entre ellos.

El versículo siguiente capta la respuesta de Débora a la necesidad de su nación:

> Las aldeas quedaron abandonadas en Israel, habían
> decaído,
> Hasta que yo Débora me levanté,
> Me levanté como madre en Israel. (Jueces 5:7)

El temor había apagado por completo la vida en sus comunidades. La gente tenía miedo a soñar, miedo a vivir, y miedo a tener esperanza. El vaso llegó a su colmo, y en lugar de sentarse y juzgar, la profetisa Débora se levantó como madre de su nación. Una cosa es juzgar y otra muy diferente es ser madre. Las madres tienen una ferocidad dada por Dios cuando se trata de sus hijos. Otra versión dice:

> Los campesinos no podían cultivar sus tierras.
> Entonces yo, Débora,
> me levanté para defender a Israel,
> como defiende una madre a sus hijos. (Jueces 5:7, TLA)

Me gusta imaginarme que madrina es otra forma de decir protectora maternal. Largos periodos de paz no dan a luz a guerreros. Pareciera que cuando las madres se despiertan, los guerreros se levantan. La NVI dice:

Los guerreros de Israel desaparecieron;
desaparecieron hasta que yo me levanté.
¡Yo, Débora, me levanté
como una madre en Israel! (Jueces 5:7)

Y posiblemente mi versión favorita, solo por diversión...

Los guerreros se volvieron gordos y descuidados,
no quedaba lucha alguna en ellos.
Entonces tú, Débora, te levantaste,
Te levantaste como una madre en Israel.
(Jueces 5:7, MSG, traducción libre)

Si no había guerreros o había solo unos cuantos entrados en kilos, todo cambió cuando Débora se levantó como una madre. Las madres luchan por sus hijos e hijas. Débora no intentaba construir un reino. Tras ser tanto jueza como profetisa durante dos décadas, reconoció que Israel necesitaba una madre. Pasó a la acción:

Y ella envió a llamar a Barac hijo de Abinoam, de Cedes de Neftalí, y le dijo: ¿No te ha mandado Jehová Dios de Israel, diciendo: Ve, junta a tu gente en el monte de Tabor, y toma contigo diez mil hombres de la tribu de Neftalí y de la tribu de Zabulón? (Jueces 4:6)

Los verdaderos líderes prestan fortaleza en lugar de abusar de la autoridad.

Barac dio un paso atrás y se negó a confrontar al enemigo a menos que Débora lo acompañara. Las Escrituras no son claras en cuanto a si él tenía miedo o solo necesitaba su ayuda. En lugar de discutir, Débora le prestó su fortaleza. Hay una lección importante para todos nosotros en su respuesta. Los verdaderos líderes prestan fortaleza en lugar de abusar de la autoridad. Al final, se trata de hacer el trabajo y no de hacerlo solo. Las madres entienden que llevar a un hijo de un lugar a otro puede ser tan sencillo como caminar con él o ella.

El enemigo es confrontado, y el líder malvado termina mal a manos de otra mujer. Es todo bastante intenso en el capítulo 4; después hay una narración de la victoria de Israel en forma de canto profético en el capítulo 5. En estos versículos descubrimos que algunas confrontaciones en la tierra se reflejan en el ámbito del cielo. Jueces 5:20-21 nos abre una ventana para ver lo que estaba ocurriendo en el ámbito espiritual:

> Desde los cielos lucharon las estrellas,
>   desde sus órbitas lucharon contra Sísara.
> El torrente Quisón los arrastró;
>   el torrente antiguo, el torrente Quisón.
> ¡Marcha, alma mía, con vigor! (NVI)

Cuando las madres se despiertan, ¡los hijos del Dios Altísimo se levantan! Al cantar de camino a la batalla, ¡las estrellas mismas están luchando por nosotras! ¡Esto es más que emocionante! Pocas tenemos la posición de juezas y profetisas. No creas que este tipo de posiciones son necesarias para empezar. Para empezar, lo único que necesitas es tener el corazón de una madre.

MADRES GUERRERAS

Ser una madre es ser una guerrera. Luchamos por la vida. Las verdaderas madres quieren para sus hijos más que lo que ellas experimentaron. Es mi oración que donde yo he conocido opresión, mis hijos conozcan libertad, y que mis fallos sirvan para posicionarlos para el éxito. A la inversa, nuestro corazón de madre se duele cuando vemos a la juventud desviarse. Jesús expresó los sentimientos del corazón de una madre hacia sus hijos.

> ¡Jerusalén, Jerusalén, que matas a los profetas, y apedreas a los que te son enviados! ¡Cuántas veces quise juntar a tus hijos, como la gallina a sus polluelos debajo de sus alas, y no quisiste! (Lucas 13:34)

Las madres protegen. Creo que Dios nos está invitando a ser madrinas que sean madres protectoras. Cuando nos levantamos, los hombres, las mujeres y los niños son protegidos. Ahijadas y madrinas, miren a su alrededor. ¿Qué ven?

¿Hay brechas?

¿Ven guerreros o luchas internas?

¿Estamos luchando por lo que realmente importa?

¿Estamos siendo negligentes con lo que sí importa?

¿Es importante que todos sepan contra qué luchamos?

En lugar de dar opiniones, es tiempo de vivir la verdad en amor.

¿Ven a los hijos e hijas?

¿Han perdido la esperanza y se han olvidado de su nombre de realeza?

¿Están nuestras aldeas vibrantes de vida?

¿Están las puertas de nuestra vida abiertas o cerradas por el temor?

¿En qué terreno nos da miedo plantar?

¿Qué territorio perdido tenemos miedo a recuperar?

¿Quién está en riesgo si no encontramos formas de cerrar esas brechas?

Las madres ven el problema y se mueven rápidamente hacia una solución.

Tener el corazón de una madre comienza con bendecir a otros en las mismas áreas en las que antes nos sentíamos maldecidas. Ser una madre es estar dispuesta a dar aquello que nunca nos dieron. Es cuando dejamos atrás los títulos de jueza y profetisa y abrimos nuestros brazos a quienes –quizá– puedan rechazarnos. Es tan simple como ofrecernos para caminar junto a ellos.

Tener el corazón de una madre comienza con bendecir a otros en las mismas áreas en las que antes nos sentíamos maldecidas.

Me gustaría que pudiéramos sentarnos aunque solo fuera por diez minutos para poder comunicarte mejor la urgencia y el privilegio de este mandato de ser madrina. Mientras nos tomamos un buen café expreso, formularía delante de ti las más de seiscientas preguntas que he recibido de hijas, que van desde madres solteras jóvenes a nuevas esposas y madres jóvenes, ministras y mujeres mayores solitarias y desanimadas.

Si no te va el café expreso, entonces podrías venir después y te haría un plato de pasta. Una al lado de la otra repasaríamos sus preguntas más sinceras, que recorren desde el matrimonio hasta el ministerio. Algunas preguntas son fáciles: ¿Qué piensas de los tatuajes? No me importan los tatuajes; yo misma tengo uno. Otras preguntas son mucho más difíciles y profundas. Algunas me han hecho contener las lágrimas. Para algunas no tengo respuesta. Aquí es donde tú entras en juego. Ellas te necesitan. Yo te necesito.

Hay ahijadas que quieren oír lo que tú has aprendido. Quieren que se les vea y que se les muestre. Quieren oír tus lamentos y compartir tu gozo. Ellas necesitan a alguien que les recuerde que la maternidad es algo agotador y asombroso a la vez. Hay mamás solteras que necesitan oír que son heroínas a las que deberíamos ayudar de cualquier forma que seamos capaces. Hay hijas solteras que necesitan oír que el matrimonio no es la respuesta a todo. Mujeres divorciadas que se ven cruelmente apartadas o solas de repente. Todas ellas necesitan a otras mujeres de más edad que hayan aprendido a navegar por las mareas del tiempo para que ellas no se pierdan la fortaleza de su etapa actual. Necesitan a alguien seguro que les ayude tanto a soñar como a lidiar con el dolor de la traición.

Quizá estés pensando: *Espera un momento, ¡yo no soy vieja!* Amiga, no tienes que ser vieja; solo tienes que ser un alma vieja. Tenemos amigos asombrosos que pastorean en Singapur, y en su iglesia *todos* están posicionados para ayudar a *alguien* más joven… las jóvenes de quince años están ayudando a las de doce años. Esto significa que todas somos madrinas tanto como ahijadas.

TAREA DE UNA MADRINA

Las madrinas crecen en piedad cuando hay menos de nosotras y más de Cristo. El beneficio de tu largura de días es que has tenido un poco más de tiempo para experimentar la fidelidad de

Dios. Del mismo modo, las ahijadas no necesitan que seamos fascinantes, divertidas o incluso originales. Solo necesitan que seamos fieles. La interacción de Él en nuestra historia es lo suficientemente gloriosa para actuar como una guía para otros.

Las madrinas fieles levantan el nombre de Jesús, las palabras de Jesús y los caminos de Jesús por encima de los suyos propios.

Como todas las mujeres de mayor edad que profesan a Cristo, tengo el encargo de una tarea muy especial que está escondida en la carta de Pablo a Tito.

> Las madrinas fieles levantan el nombre de Jesús, las palabras de Jesús y los caminos de Jesús por encima de los suyos propios.

> Tu obligación es enseñarles a aceptar un estilo de vida que sea coherente con la sana doctrina. Guía a los ancianos a una vida disciplinada llena de dignidad y autocontrol. Ínstalos a tener una fe sólida, amor generoso y una paciencia persistente.
>
> (Tito 2:1-2, TPT, traducción libre)

Es muy confuso cuando el estilo de vida contradice las creencias. Cuando se escribió Tito no había Biblias; tenían ejemplos vivos. Creta había oído el evangelio; ahora era el momento de vivirlo. Los creyentes estaban a punto de convertirse en discípulos. Este cambio exigía ancianos o padrinos. La gente oye lo que decimos pero sigue lo que modelamos. Tito era el hijo en la fe de Pablo. Tito conocía el evangelio porque vio a Pablo vivir el evangelio. Después, Pablo habló de cómo debían participar las mujeres.

> Del mismo modo con las ancianas [o mujeres mayores], guíalas a vidas libres de chismes y borracheras y a ser maestras de cosas hermosas [el griego dice "cosas buenas"]. Esto les permitirá enseñar a las mujeres más jóvenes a amar a sus esposos, a amar a sus hijos y a tener autocontrol y pureza, cuidando de sus hogares y dedicándose a sus esposos. Haciendo estas cosas la palabra de Dios no será deshonrada.
>
> (Tito 2:3-5, TPT, traducción libre)

Al igual que con los hombres, Pablo quería que las mujeres modelaran una conducta coherente con los que profesan seguir a Cristo. Las mujeres más mayores y más jóvenes estaban juntas en este camino de aprendizaje. Hay mucho contenido en estos cinco versículos que me gustaría sacar a la luz.

Enseguida notamos que *se honraba la edad*. Las mujeres mayores eran las que estaban mejor equipadas para enseñar a las más jóvenes. Por favor escúchenme, hermanas de más edad: esta es una invitación a que acepten su edad y la fortaleza que viene con esta etapa de la vida. La mejor manera en que podemos hacerlo es honrar a Dios en todo lo que hagamos.

Después, las madrinas tienen el encargo de *vivir libres del chisme*. Interpreto esto como "no lo leas, no lo digas, no lo repitas, no lo escuches". ¿Por qué? ¿Es el chisme realmente tan destructivo? Parafraseando muy ligeramente a Santiago, el chisme es como respirar fuego. Mata lo que antes estaba sano y destruye lo que antes estaba completo. Se nos empodera para liberar las bendiciones que cambian las circunstancias desfavorables a nuestro alrededor en favorables. No adoptemos el papel de acusadoras maldiciendo a aquellos a los que Dios quiere bendecir. Nuestras palabras revelan nuestra madurez.

> Todos fallamos en muchas áreas, pero especialmente con nuestras palabras. Sin embargo, si somos capaces de poner freno a las palabras que decimos somos lo suficientemente poderosos para controlarnos en todo, y eso significa que nuestro carácter es maduro y se ha desarrollado plenamente.
>
> (Santiago 3:2, TPT, traducción libre)

Nuestro nivel de autocontrol será revelado en nuestra forma de hablar. Si veo que estoy en un estado de lamento y me preocupa no poder controlar lo que sale de mi boca, me pongo en tiempo muerto hasta que pueda. *Las madrinas deben evitar toda forma de chisme.*

En lugar de repetir rumores, declaremos la Palabra incorruptible. En lugar de repetir historias que podrían causar división, usemos nuestras palabras para levantar a otros. Si hemos repetido cosas que deberían haber permanecido calladas, entonces es tiempo de sencillamente detenernos. Hay muchas cosas que no entiendo ni estoy de acuerdo con ellas, pero eso no significa que tenga que dar mi opinión a las masas.

> El fuego se apaga cuando falta madera,
> y las peleas se acaban cuando termina el chisme.
>
> (Proverbios 26:20, NTV)

Si no es tu fuego, deja de añadirle madera. No avives la llama, no soples. No alimentes la llama, y se apagará sola.

No bebas hasta el punto de emborracharte. Esto nubla tus sentidos y te hace perderte lo que es importante. Y después, por supuesto, correrás el riesgo de decir o hacer algo que lamentarás.

Las madrinas están empoderadas con el propósito de enseñar. No solo leamos la Palabra de Dios; vivámosla. Esto nos permite enseñar a las mujeres más jóvenes las búsquedas buenas y dignas de la vida y posicionarlas para que descubran lo que es genuinamente hermoso.

El amor exige aprendizaje. No nacemos sabiendo amar a nuestros esposos o incluso a nuestros hijos. Formar un matrimonio saludable y una familia implica trabajo. El amor no significa ser permisiva con tu esposo o mimar demasiado a tus hijos. El amor provoca de forma natural el crecimiento. John y yo hemos crecido en amor incluso a medida que ha crecido nuestro amor. La gente crece cuando es amada. No importa cuál fue la historia de nuestro matrimonio o nuestra maternidad, podemos ayudar a los matrimonios y familias jóvenes que nos rodean a crecer en amor y fortaleza. Cada año es otra oportunidad de escribir un nuevo capítulo. No tengas miedo de abrir tu vida cuando se trata del matrimonio y los hijos. Muéstrales cómo educar a sus hijos compartiendo las cosas que tú hiciste bien y también tus errores.

Deberíamos buscar la sabiduría y la virtud. Si eres una mujer mayor, no permitas que la ociosidad o la búsqueda de placer te distraigan. Esta puede ser tu época más reconfortante de la vida si no la conviertes en una crítica. Este mundo tiene críticos y detractores más que suficientes; lo que se necesitan son mamás que modelen el apoyo. Si te preguntas cómo hacer esto, ¿por que no hacer de la amabilidad tu rey?

> Cuando ella habla tiene algo digno que decir, y siempre lo dice con amabilidad.
>
> (Proverbios 31:26, MSG, traducción libre)

Querida, sé que eres lo suficientemente sabia para saber que no es solo lo que decimos sino cómo lo decimos. No finjamos estar sordas al tono. Todas oímos mucho mejor cuando la amabilidad está presente. La gente incluso puede oír cosas difíciles cuando se dicen con amabilidad.

> Un solo acto de amabilidad arranca raíces en todas direcciones, y las raíces brotan y forman árboles nuevos.
> —Amelia Earhart[1]

Nunca sabes lo que crece como respuesta a tus semillas de amabilidad, pero ten por seguro que algo está creciendo. Nuestro mundo está volviéndose cada vez más frío y desagradable, lo cual significa que hay una necesidad desesperante de madrinas amables. Recuerda: la amabilidad puede actuar como la magia, y obra de la forma más poderosa en quienes menos lo merecen.

> Nunca sabes lo que crece como respuesta a tus semillas de amabilidad, pero ten por seguro que algo está creciendo.

Descubrí que la parte de "cuidar de su hogar" de Tito 2 es un poco frustrante, hasta que descubrí que *cuidar del hogar es mucho más que las tareas*.

> Ella mantiene un ojo puesto en toda su casa,
> Y los mantiene a todos ocupados y productivos.
> (Proverbios 31:27, MSG, traducción libre)

¡Tú no eres la criada! Este versículo en Proverbios describe a una madre que está haciendo mucho más que recoger lo que deja tirado su familia. Describe a una madre que disciplina y desarrolla a todos los que hay bajo su cuidado. Yo quiero más para mis hijos. Esto significa que quiero que crezcan más en vez de que tengan más. Es diferente en un matrimonio que con los hijos, pero quiero fomentar la misma dinámica de crecimiento en mi esposo.

He descubierto que nutrir es mejor que molestar. Si estás casada, dedícate a tu esposo. Tengan cuidado de no minarse o deshonrarse el uno al otro con palabras o con hechos. No es fácil, pero vale la pena. Dejar mal al otro nunca hará que ninguno de ustedes se vea bien. Esto ha sido difícil para John y para mí. Ambos sentimos las cosas de manera muy apasionada, y cada día es otra oportunidad para crecer. Esa es la parte delicada sobre ser uno. Cuando nos atacamos el uno al otro, nos hacemos daño. Cuando veo a los recién casados, les digo que lo mejor está por venir. Tiempo, pruebas, hijos, y experiencias compartidas solo sirven para enriquecer su vida.

Abracemos nuestros años (incluso aunque algunos te vean como una joven) y todas las lecciones que hemos aprendido, y rehusemos adoptar la adoración de nuestra cultura de la juventud y la frivolidad. Si eres una mujer más joven, esto significa que tienes mucho que esperar. Si eres una mujer más mayor como yo, significa que te están observando. Dirige con el ejemplo; esconderte o retirarte no es una opción.

MADRINAS EN LO QUE HACEMOS

> Cuando los cristianos nos comportamos mal, o fallamos en comportarnos bien, estamos haciendo que el cristianismo no sea creíble para el mundo exterior.
>
> —C. S. Lewis[2]

Seamos todos parte de cambiar esta tendencia. Comportémonos de forma sabia y amable. Dejemos de sentarnos y juzgar la mala conducta de todos y dediquemos tiempo a meditar en la nuestra.

El resumen de toda esta instrucción es que nuestra vida no debería contradecir la verdad que profesamos. Las decisiones que tomamos, tanto en público como en privado, no deberían confundir el asunto de cómo se ve ser de Cristo. No necesitas un doctorado en teología para edificar una vida hermosa.

Este es solo un ejemplo de algo de lo bueno que a las mujeres se les ha confiado hacer:

Amar a su prójimo. Amar a su esposo. Amar a sus hijos. Amar a los huérfanos. Amar a los amigos. Compartir la sabiduría. Entrenar a otros. Aprender. Practicar la amabilidad. Ser generosas. Servir en secreto o en público. Sacrificarse. Predicar el evangelio. Trabajar. Hacer de su hogar un refugio para su familia y amigos. Hacer de los hogares una posibilidad para otros. Y amar a Dios es lo que hace que todas estas cosas hermosas sean posibles.

Nunca hubo una necesidad mayor de todo lo anterior, y a la vez nunca hubo más resistencia a estos conceptos. Tenemos una brecha inmensa entre el estilo de vida y las palabras de vida. Mientras me preparaba para escribir este capítulo, miré atrás a lo que había escrito sobre el tema hace más de una década en mi libro *Nurture* (Nutre). La necesidad era grande entonces, y es desesperante ahora. La brecha ha dejado vulnerables a las futuras generaciones.

> Por encima de todo, distínguete como modelo de una vida vivida con nobleza. Con dignidad, demuestra integridad en todo lo que enseñes. Da un mensaje claro y completo que no se pueda condenar, y de esa manera tus críticos quedarán avergonzados, al no tener nada malo que decir sobre nosotros.
>
> (Tito 2:7-8, TPT, traducción libre)

Pablo le está diciendo a Tito que su mayor prioridad sea ser ejemplo de una vida llena de Cristo. ¿Qué significa comportarse noblemente? Entre otras cosas, significa ser ejemplo de lo que es bueno, misericordioso, amable, virtuoso, justo, moral, educado y abnegado. Vivir noblemente tiene que ver con vivir de una manera que honre a otros en vez de a nosotros mismos. Vivir noblemente dice que yo pertenezco a una familia de nobleza que no deja de expandirse, y de la que quiero que tú seas parte. Vivir noblemente es cómo respondemos a otros, y es totalmente independiente de nuestros ingresos. Somos nobles por nuestra primogenitura celestial, totalmente independiente de nuestra herencia terrenal.

Somos nobles por nuestra primogenitura celestial, totalmente independiente de nuestra herencia terrenal.

Vivimos en un tiempo en el que es más probable celebrar el ejemplo innoble, vergonzoso, inmoral y malo. Hay mucha crítica impuesta a cualquier cosa que tenga que ver con la pureza y la integridad. Cuando esto ocurra, bendice a quienes te critiquen y avanza. Los que quieren oír lo que tienes que decir parecerán más callados que los que no... háblalo y vívelo igualmente. Pablo continúa su carta a Tito con las instrucciones de cómo entrenar a los creyentes:

> Y recuérdales que nunca derriben a nadie con sus palabras o riñas, sino que sean considerados, humildes y corteses con todos. Porque no hace tanto que nosotros nos comportábamos neciamente en nuestra terca desobediencia. Se nos desviaba fácilmente como esclavos a las pasiones y placeres mundanos. Malgastábamos

> nuestra vida haciendo el mal, y con celos malos odiábamos a otros. (Tito 3:1-3, TPT, traducción libre)

Pablo está diciendo en esencia: "¿Recuerdas cuando tu vida era un caos, y metías la pata?". Nuestro Señor trató gentilmente con nosotros cuando no sabíamos vivir mejor; tratemos con amabilidad a los que están aprendiendo o no saben cómo vivir mejor. Ahora que sabemos cuán poderosas son nuestras palabras, seamos sabias en cómo usamos las palabras con nuestros hijos, nuestro esposo y nuestros amigos. Mientras mayor sea nuestro potencial de influencia, menos libertad tenemos para usarlo mal.

Somos embajadoras de otro reino en lugar de celebridades independientes. Por lo tanto, ¿cómo comenzamos? Empecemos por esto: las madrinas no son perfectas. Sin presión. Solo comienza por donde estás. No importa lo mal que esté tu vida, siempre hay algo en ella que otros necesitan.

SÉ CONSCIENTE

Ora y pide a Dios Padre que abra tus ojos para que veas a tus posibles ahijadas, dondequiera que puedan estar. Después vigila en fe a que lleguen. Están a nuestro alrededor. Este es un secreto: las ahijadas se esconden a plena vista, esperando que alguien las vea. Muchas tienen miedo a ser rechazadas si piden ayuda, así que sufren en silencio. Otras piensan que pedir ayuda es una señal de debilidad. Asegúrales que no es así. Pedir ayuda no es una debilidad; es sabiduría.

RECONOCE

Cuando veas ahijadas, respóndeles. Puede ser tan sencillo como sonreír o asentir. No te cuesta nada saludar a alguien. Recientemente estaba en el baño de mujeres con una de mis nietas, y observé a una joven que miraba hacia nosotras. No estaba segura de si estaba respondiendo a mi interacción con mi nieta o a mí directamente. Sonreí. No pasó mucho hasta que se acercó a mí. Me dijo que mis mensajes y los libros habían tocado su vida, y justo ahí, en ese momento, nos dimos un abrazo en el baño de mujeres. Fácil. Pero ¿qué habría pasado si yo hubiera mirado hacia otro sitio o le hubiera enviado el mensaje de que no me podía molestar? Sin saberlo, habría minado las semillas que yo misma había plantado en su vida.

INVOLÚCRATE

Pregunta: "¿Cómo puedo ayudar?". Algunas responderán a tu invitación; otras no. Está bien, no eres responsable de sus respuestas, sino de simplemente ofrecerte. Algunas estarán listas para oírte; otras quizá regresen a ti en otra etapa, y a veces la mejor manera de conectar es pedirles ayuda. Hubo varias muchachas a las que mentoreaba invitándoles a mi mundo, y ellas hacían su vida junto a mí. Sigo oyendo de ellas y cómo aplicaron lo que aprendieron con los hijos que tuvieron.

MUÉSTRATE DISPONIBLE

No todo el tiempo. No te estoy pidiendo que permitas que todo el mundo monopolice tu vida, sino te pido que apartes tiempo para que puedas estar disponible para ellas. Tengo ahijadas a las que raras veces veo en persona, pero hablamos por teléfono, con mensajes de texto, y cuando podemos nos vemos en persona.

SÉ AUTÉNTICA

No digas una cosa y vivas otra. Eso es aparentar. Auténtica significa fiel, fiable, honesta y genuina. Las ahijadas no pretenden que seamos más de lo que somos; necesitan que seamos más de lo que ellas son. Oí a una joven ministro decirlo así: "No necesitamos que las mujeres de más edad sean divertidas, porque no son divertidas; necesitamos que sean sabias y piadosas". Cambiemos de lugar algunas cosas, ¡y hagamos que lo divertido sea ser sabias y piadosas!

SÉ ACTIVA

Dedícate a los negocios de tu Padre. Involúcrate en algo que te apasione. Otro término para activa es *en vigor*. Las mujeres virtuosas son una fuerza para el bien. Involúcrate en un nivel interactivo. Darle me gusta a una foto conecta con la plataforma social de alguien, lo cual es bueno, pero agarrar el teléfono y llamar a alguien conecta con esa persona. Abre tu casa para enseñar algo, lo que sea, ¡algo que te apasione! No tiene que ser un estudio bíblico; ¿por qué no compartir algo que te encante? Podrías compartir sobre invertir, el matrimonio, jardinería, o las amistades. Piensa en algo sobre lo que te sientas segura de compartir, y simplemente recibe a hijas. Quién sabe, quizá haré una clase de pesto ¡solo porque me encanta!

SÉ UNA DEFENSORA

Todos necesitamos personas en nuestra vida que nos alienten, porque el desánimo ha alcanzado niveles de epidemia. Parte de alentar a otros es mover sus pies en la dirección correcta. Es confrontar lo que está desviado mientras celebramos lo que está recto. Esto puede ser delicado. Puedes ser una defensora para la persona sin respaldar todo lo que haga.

Vivimos en un tiempo en el que muchas personas están buscando brechas en lugar de formas de cerrarlas. Las palabras se tergiversan, los motivos se tuercen, las personas tienen temor a hablar por otros por miedo a que los expertos en brechas les den la espalda. Esto no es vivir. Esto es una señal de que la vida en la aldea ha cesado y los guerreros se han ido. Quiero que a las madrinas se les reconozca por esto:

> Usarás los viejos escombros de vidas pasadas para construir de nuevo,
> Reconstruir los cimientos de tu pasado.
> Serás conocido como los que pueden arreglar cualquier cosa,
> Restaurar viejas ruinas, reconstruir y renovar,
> Hacer que la comunidad vuelva a ser habitable.
> (Isaías 58:12, MSG, traducción libre)

Dondequiera que miramos, vemos guerra y enojo. Todos quieren que te decantes por un bando, y sin embargo las palabras de Jesús hablan de cosas mejores. Él nos dice que en medio de la riña siempre estarán los que hacen la paz.

> Bienaventurados los pacificadores, porque ellos serán llamados hijos de Dios. (Mateo 5:9)

Es tiempo de que vivamos de tal forma que esto se pueda decir de nosotras. Que alguien pueda mirarme, mirarte o mirarnos como colectivo y susurrar: "¿Viste eso? ¿Escuchaste lo que dijo? ¿Has sentido eso? Ahí va una hija de Dios".

La traducción *The Message* lo dice así: "Bienaventurados son cuando puedan enseñar a la gente cómo cooperar en lugar de competir o luchar. Es entonces cuando descubrirán quiénes son en verdad, y su lugar en la familia de Dios". (Mateo 5:9, traducción libre)

¿Escuchas esto?

Descubrimos quiénes somos realmente ayudando a otros. Descubrimos nuestro lugar en la familia de Dios haciendo la paz. Necesitamos madrinas y padrinos que ayuden a los hijos e hijas a aprender a trabajar juntos en lugar de competir y luchar. Al hacer esto por ellos, descubrimos nuestro propósito y lugar.

Esta noche organizo una fiesta de cumpleaños para uno de mis hijos. Estamos en una casa nueva y en una etapa nueva. Nuestro hogar está preparado para ser un lugar donde crear nuevos recuerdos. La mesa del comedor de nuestra vieja casa está arriba esperando que la usemos después como mesa de juegos. Nuestra nueva mesa es larga, y por primera vez todos los adultos se sentarán en ella cómodamente. Ya la he preparado. Quiero que todos sepan que aunque la mesa es nueva, siempre tendrán un lugar en ella. Espero que esto les diga que son esperados y bienvenidos. Hay algo muy poderoso en saber que siempre eres incluido.

No pasó mucho tiempo hasta que la risa llenó el ambiente. Una nieta monta boca abajo sobre la espalda de un tío que afirma haberla perdido. La cena de esta noche es sencilla: hamburguesas, refresco italiano, verduras a la plancha, ensalada, y tres sabores distintos de patatas fritas. La mesa rebosa con una variedad de lonchas de queso blanco, chucrut, pepinillos, dos kétchups y tres mostazas distintas.

La puerta de cristal corrediza está abierta mientras salimos fuera para atrapar el calor de los últimos rayos de sol.

El atardecer es espectacular. El cielo se vuelve de color rojo intenso y coral mientras el sol otoñal se esconde por detrás de las montañas. Antes de que baje demasiado la temperatura, nos reunimos alrededor de la fogata para reírnos, soñar y tostar malvavisco.

La paz no siempre es tranquila.

La paz no es que todo esté en su sitio.

La paz no es cuando todo es perfecto.

La paz se encuentra cuando sabemos dónde poner nuestra confianza.

La paz puede ser una mesa llena de comida y una casa llena de risas.

La paz puede ser un día tranquilo de ayuno en soledad.

La paz nos envuelve como una manta en épocas de dolor y luto.

La paz calienta nuestra vida como los rayos de sol en épocas de gozo.

La paz es un amanecer temprano.

La paz es una gloriosa puesta de sol con un perro ladrando.

La paz no se encuentra en el compromiso.

La paz es una promesa que exige trabajo.

Los pacificadores no siempre son pasivos.

La paz siempre encuentra su manera de llegar a los que son lo suficientemente valientes para hacerla.

"Bienaventurados los pacificadores, porque serán llamados hijos de Dios", y ¿qué más podría desear una madre?

Hermosas ahijadas y madrinas valientes, ahora es el tiempo para que ustedes actúen. Avancen con sabiduría y valentía confiando en que Dios nos entretejerá de forma asombrosa.

Reconocimientos

Sería negligente si no dedicara este espacio a dar las gracias a aquellos que tuvieron una parte activa para hacer que este libro fuera posible.

Andrea, has creído en este proyecto desde el comienzo. Gracias por tu constante apoyo y sabios consejos editoriales. Fue algo verdaderamente invaluable.

Equipo Revell, es un sueño trabajar con ustedes. Estoy agradecida por nuestra colaboración relacional.

Esther, gracias por hacer que sucedan estas conexiones.

Gracias especiales a nuestro equipo de Messenger International, que me ha apoyado en oración y ha sacrificado tiempo conmigo para ver avanzar este proyecto.

Y una palabra final de agradecimiento a mi familia. Ustedes son los que crecen en formas que nunca sabrá nadie. Me encanta ser familia de cada uno de ustedes.

Mi esposo John: tras casi cuatro décadas, todavía me haces reír.

A mis cuatro hijos: Addison, Austin, Alec y Arden, me siento honrada solo por el hecho de ser su madre. No hay nada ni nadie de quien esté más orgullosa.

A mis tres hijas políticas: Julianna, Jessica y Christian, me siento inspirada por la forma tan bonita en la que cada una de ustedes vive y ama.

A mis cuatro nietos: Asher, Sophia, Lizzy y August. Ustedes hacen que mi corazón cante.

Notas

CAPÍTULO 1: POR QUÉ NECESITAS UNA

1. *Merriam-Webster*, s.v. "gap (n.)", https://www.merriam-webster.com/dictionary/gap.

CAPÍTULO 2: COMIENZA CON LO QUE SABES

1. C. S. Lewis, *Letters to Malcolm, Chiefly on Prayer* (New York: Harper-Collins, 1964), p. 75.

2. L. M. Montgomery, *Anne of Green Gables* (Boston: LC Page & Co., 1908).

CAPÍTULO 3: PIDE LO QUE NECESITAS

1. George Sweeting, *Who Said That?* (Chicago: Moody Publishers, 1995), "Action" section, https://books.google.com/books?id=7mn8AwAAQBAJ&pg.

2. George Mueller, *Answers to Prayer* (Chicago: Moody Publishers, 1984).

3. *Merriam-Webster*, s.v. "abide (v.)", https://www.merriam-webster.com/dictionary/abide.

CAPÍTULO 4: CUANDO LO QUE NECESITAS ES SANIDAD

1. N. T. Wright, *Matthew for Everyone, Part 1, Chapters 1–15* (Louisville: Presbyterian Publishing Corporation, 2004), p. 200.

CAPÍTULO 6: ESCRIBE TU CAMINO DE AVANCE

1. Lee Iacocca con William Novak, *Iacocca: An Autobiography* (New York: Bantam, 1986), p. 50.

2. *Merriam-Webster*, s.v. "arc (n.)", https://www.merriam-webster.com/dictionary/arc.

3. *Merriam-Webster*, s.v. "arc (n.)".

4. Adrienne LaFrance, "The Six Main Arcs in Storytelling, as Identified by an A.I.", *Atlantic*, 12 de julio de 2016, https://www.theatlantic.com/technology/archive/2016/07/the-six-main-arcs-in-storytelling-identified-by-a-computer/490733/.

CAPÍTULO 7: EL ENFOQUE ES TU SUPERPODER

1. https://www.brainyquote.com/quotes/jacqueline_leo_547986.

2. https://www.goodreads.com/quotes/386121-paper-is-to-write-things-down-that-we-need-to.

3. N. T. Wright, *Surprised by Scripture* (New York: HarperOne, 2014), p. 70.

CAPÍTULO 8: EL ACTO EQUILIBRADOR

1. C. S. Lewis, *The Four Loves* (New York: Harcourt Brace, 1960), p. 120.

CAPÍTULO 9: CUANDO NUESTRO CUENTO DE HADAS SALE MAL

1. "Cinderella Around the World", http://www.edenvalleyenterprises.org/blhrc/educational/cindtour/world.html.

2. LaFrance, "The Six Main Arcs in Storytelling".

3. J. R. R. Tolkien, *The Tolkien Reader* (Logan, IA: Perfection Learning, 1986), pp. 68-69.

4. Sarah Ban Breathnach, *Simple Abundance* (New York: Grand Central, 1995), entrada del 16 de febrero.

5. C. S. Lewis, *The Screwtape Letters* (New York, HarperCollins, 1961).

6. United States Census Bureau, "America's Families and Living Arrangements: 2018", Table FG10, Family Groups: 2018, https://www.census.gov/data/tables/2018/demo/families/cps-2018.html.

7. K. M. O'Connor, "Jeremiah", in *Women's Bible Commentary*, rev. y actualizado, eds. C. A. Newsom, J. E. Lapsley y S. H. Ringe (Louisville: Westminster John Knox Press, 2012), p. 276.

CAPÍTULO 10: LA BRECHA DE GÉNERO

1. "How Many Species on Earth?", California Academy of Sciences, 24 de agosto de 2011, https://www.calacademy.org/explore-science/how-many-species-on-earth.

2. Roger Highfield, "Bone Marrow Cell Study Adds to Clone Campaign", *Telegraph*, 4 de mayo de 2001, https://www.telegraph.co.uk/news/worldnews/north america/usa/1329123/Bone-marrow-cell-study-adds-to-clone-campaign.html.

3. Lisa Bevere, *Fight Like a Girl* (New York: FaithWords, 2006), pp. 26-27.

4. Bob Utley, *How It All Began: Genesis 1-11, Vol. 1A* (Marshall, TX: Bible Lessons International, 2001), p. 49.

5. Kara Maria Ananda, "7 Wonders of the Womb", Wellness Blessing, https://wellnessblessing.com/blog/wonders-of-the-womb.

6. Philip Barton Payne, *Man and Woman, One in Christ: An Exegetical and Theological Study of Paul's Letters* (Grand Rapids: Zondervan, 2015), cap. 12.

7. Wright, *Surprised by Scripture*, p. 76.

8. Payne, *Man and Woman, One in Christ*, cap. 12.

9. N. T. Wright, *Paul for Everyone: The Pastoral Letters, 1 and 2 Timothy and Titus* (London: Society for Promoting Christian Knowledge, 2004), pp. 21-22.

10. Wright, *Paul for Everyone: 1 and 2 Timothy and Titus*, pp. 21–26.

CAPÍTULO 11: CUANDO MADRINAS Y AHIJADAS CONECTAN

1. Lisa Bevere, *Without Rival* (Grand Rapids: Revell, 2016), p. 181.

2. M. R. De Haan, *The Romance of Redemption: Studies in the Book of Ruth* (Grand Rapids: Kregel, 1996), p. 18.

CAPÍTULO 12: CUANDO MADRINAS Y AHIJADAS COLISIONAN

1. Eugene H. Peterson, *Five Smooth Stones for Pastoral Work* (Grand Rapids: Eerdmans, 1980), p. 54.

2. Post en redes sociales usado con permiso.

CAPÍTULO 13: CÓMO SER UNA

Amelia Earhart, Consulta en línea, Quotes, https://www.ameliaearhart.com/quotes/

C. S. Lewis, *Mere Christianity* (New York: HarperCollins, 2001), p. 208.

Acerca de la autora

Lisa Bevere ha pasado casi tres décadas empoderando a mujeres de todas las edades para encontrar su identidad y propósito. Es autora de éxitos de ventas del *New York Times* y una oradora conocida internacionalmente. Sus libros anteriores, entre los que se incluyen *Pelea como chica, Se levanta la leona, Mujeres con espadas, Sin rival* e *Inamovible,* están en las manos de millones de personas en todo el mundo. Lisa y su esposo, John, son los fundadores de Messenger International, una organización comprometida a desarrollar seguidores de Cristo inflexibles que transformen su mundo. Descubre más en www.lisabevere.com.